当代中国／丛书

中国概览

鲁广锦　陈　坚　著

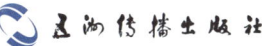
五洲传播出版社

图书在版编目（CIP）数据

中国概览 ／ 鲁广锦，陈坚著 . —— 2 版 . —— 北京 ：五洲传播出版社，2023.11
（当代中国系列 ／ 武力主编）
ISBN 978-7-5085-4237-9

Ⅰ . ①中… Ⅱ . ①鲁… ②陈… Ⅲ . ①中国－概况 Ⅳ . ① K92

中国版本图书馆 CIP 数据核字 (2019) 第 137908 号

当代中国系列

主　　编 ：武　力
出 版 人 ：关　宏

中国概览

著　　者 ：鲁广锦　陈　坚
责任编辑 ：宋博雅
图片提供 ：视觉中国　中新社
封面设计 ：北京澜天文化传媒有限公司
内文制作 ：北京优品地带文化发展有限公司
出版发行 ：五洲传播出版社
地　　址 ：北京市北三环中路 31 号生产力大楼 B 座 6 层
邮　　编 ：100088
发行电话 ：010-82005927，010-82007837
网　　址 ：http://www.cicc.org.cn http://www.thatsbooks.com
印　　刷 ：中煤（北京）印务有限公司
版　　次 ：2024 年 1 月第 2 版第 2 次印刷
开　　本 ：710 毫米 ×1000 毫米　1/16
印　　张 ：17.5
字　　数 ：240 千字
定　　价 ：62.00 元

目　录

绵延的大一统历史

中国文化的精神内核是什么？中国人与其他国家的人们在思维方式和价值取向上最大的区别是什么？最根本的就是其强烈的宗法意识和在此基础上产生的对家庭对民族对国家的忠诚，以及在两千多年大一统制度环境中凝聚而成的崇尚国家统一、民族团结和社会安定的大一统精神。这是中国社会特有的历史、地理条件和中国古代政治、经济、文化、科技发展中各种矛盾长期运动的基本规律，在人们思想中反复印证的必然结果，也是中国人民在世世代代的社会实践中，从血和泪的亲身体验中总结出来的一种思维定式和价值取向，它深深地印在中国人的脑子里，烙在华夏子孙的心上。它代表了中国人的最大利益，主宰着中国大历史发展的方向，成为中华民族的强大精神力量。

——杨松华《大一统制度与中国兴衰》

早期的中华文明

目前能够证明中国存在的最早人类，是 20 世纪 60 年代在中国西南部的云南省元谋县发现的元谋人，距今约 170 万年，属于直立人。现已发现的是同一个体元谋人的两颗上门齿化石，并出土了文化遗物和带有人工痕迹的动物骨片，以及可能是人工用火的遗迹。同样是在 20 世纪 60 年代，中国中西部的陕西省蓝田县发现了距今约 80 万年至 60 万年的蓝田人，也属直立人。

中国古人类研究的一次重大发现发生在 20 世纪 20 年代后期，这便是 1927 年首次在北京西南约 50 公里处的周口店龙骨山发现的北京人，距今约 50 万年至 20 万年，为直立人。北京人的牙齿和腭骨缩小，脑容量增加，其体质形态，如四肢骨的大小、形状、比例和肌肉附着点等，与现代人相近，身高约 156 厘米。北京人的门齿的舌面为铲形，呈蒙古人种特征。在北京人的洞穴中还发现了 10 万多件石器、石片

2011 年 11 月 10 日，游客到北京周口店北京人遗址博物馆参观。

及大量动物化石，说明北京人已能用石器进行简单的生产劳动。同时发现了许多用火的痕迹。北京人被发现 10 年后，1937 年日本发动全面侵华战争，由于中国大片国土沦陷，北京人头盖骨在转移途中不幸失踪，至今下落不明。

在距今 20 万年至 10 万年的"早期智人"阶段，也就是"古人"阶段，中国已发现的有代表性的人类化石有位于南部广东省曲江的马坝人、位于中南部湖北省长阳的长阳人，以及位于北部山西省襄汾的丁村人等。其中在丁村人的遗址中发现了 2000 多件石器，具有代表性的是石球和厚三棱尖状器，制作技术已比北京人进步。

中国的西南、西北和华北等地，都发现了距今约 10 万年至 1 万年的"晚期智人"阶段（或"新人阶段"）的人类化石和活动遗迹，其中以 20 世纪 30 年代初期在北京周口店龙骨山发现的山顶洞人较有代表性。山顶洞人生活的时间距今约 18000 年，在体质形态上已基本消除了猿的特征，和现代的人基本相同。所制作的石器有的已相当精致，并出现了装饰品和缝补用的骨针，这说明当时已掌握钻孔、磨制等技术，具有了爱美的观念。发现的鱼骨等多种动物化石，证明了在山顶洞人的经济生活中已有渔猎和采集内容。

在经历了 100 多万年的进化和发展之后，大约在距今 8000 年至 5000 年之间，人类的活动在中国境内大多数地区都出现了。此时的人类开始走出山洞，来到平原等低洼地区，从事锄耕农业，并定居生活，由此中华文明便进入原始时期。

水是生命之源，也是文明之源。当人类的经济活动由以渔猎和采集为主转向以农耕为主时，水就更为重要了。如果说，底格里斯河和幼发拉底河产生了美索不达米亚文明，尼罗河孕育了古埃及文明，印度河造就了古印度文明，爱琴海哺养了古希腊文明，那么，黄河、长江这两条东亚大河流则滋养了中华文明。

黄河是中国的第二大河，横贯中国北方，干流流经 9 个省区，流域面积 75 万平方公里，是中华文明的发源地，被称为中国的母亲河。在黄河流域，考古发现的文化遗址很多，遍布黄河中上游和下游，如仰韶（河南省）文化、齐家（甘肃省）文化、大汶口（山东省）文化、龙山（山东省）文化等，每一类文化又有多处遗址发现。长江是中国第一大河，流域面积 180 多万平方公里，约占全国国土面积的 1/5，

仰韶文化博物馆内展示的彩陶钵

红山文化重要考古发现——距今约 5300 年的敖汉陶人

在长江中下游地区，也有多处文化遗址被发现，影响较大的有河姆渡（浙江省）文化、良渚（浙江省）文化、青莲岗（江苏省）文化等。在中国东北部的辽河流域，还发现了红山文化。大量文化遗址的发现表明，在这一时期，中国人不仅自身条件和生产、生活不断得到发展，而且活动的范围更大了。

农耕经济的发明和积累，是中华文明原始时期的标志。出现原始农耕文明是上述各类文化遗址所表现的共性。当时在社会经济形式中，农业已占有相当的比重，人们饲养家畜，并兼营渔猎和采集。距今5000—6000年的仰韶文化时期，人们种植的农作物主要是粟；在属于仰韶文化的半坡遗址的一个灰坑中，发现的粟多达上百公斤。在反映公元前4300年至前2500年的大汶口文化的一个遗址中，发现了1立方米左右的粟粒。在河姆渡文化（前5000—前3300年）的一个遗址中，发现大面积稻谷遗存。农业生产工具（主要是石器）也得到了长足的发展。

与农业文明紧密相关的是手工业有很大的发展，这也是原始文明产生所不可或缺的因素。上述遗址中发现的石器磨制得更加精致，种类也很多，有石斧、石铲、石刀等，并有专用于收割谷物的石镰等。为满足人们的多种生活需要，陶器的种类也多起来。

类似文字的符号的出现，是人类文明产生的又一个重要标志。在这一时期有的文化遗址出土的陶器上，出现了表示刻画者一定意向的符号，这些符号与后来中国最早的文字甲骨文颇为相似，被认为是中国文字的萌芽。

社会经济方式的变化必然导致社会组织结构的发展。农业文明的出现使人类的定居生活成为可能，而定居生活又促使族外婚的出现。几个血缘相近的氏族组成胞族，再由几个胞族组成部落，最后由几个部落组成部落联盟。中国历史传说中的炎帝、黄帝便是在这一时期形成的部落和部落联盟的首领。他们通过建立军队并发动战争，设立必要的议事机构，以及组织部落管理部门等活动和方式，来扩大和发展部落、部落联盟，从而形成中国国家的雏形。

依据不同区域的特点，早期中国有三大自然经济区：一是中部的农耕区，主要指黄河中下游地区。这里气候温暖湿润，地势平缓，土质较为松软，是中国最早实现农业垦耕的地区。中国建立最早的王朝秦朝以及紧随其后的西汉，都是建都在这一地区。二是南部的农耕渔猎区，包括长江中下游、淮河、汉水及珠江流域。这一区域气候潮湿炎热，丘陵、山地较多，水网密布，农业发展并不充分，居民的生活在一定程度上要靠渔猎和采集活动来补充。三是北部游牧区，包括内蒙古高原和青海东部。这一区域远离海洋，地势较高，气候干旱寒冷，不利于种植业的发展，居民多以游牧为生。

关于中国古代文明的起源，还有研究提出六大区域说：（1）以燕山南北长城地带为中心的北方；（2）以山东为中心的东方；（3）以关中（陕西）、晋南、豫西为中心的中原；（4）以环太湖为中心的东南部；（5）以环洞庭湖与四川盆地为中心的西南部；（6）以鄱阳湖—珠江三角洲一线为中轴的南方。

传说中相传相袭的历史

"自从盘古开天地，三皇五帝到于今。"这是长征胜利后中共领导人毛泽东用来形容长征是历史上空前之事件的一句话。这句话也反映了中国历史从传说到真实、从过去到今天的一贯性。

"盘古开天地"，是中国古代流传下来的"创世说"，表达了古代中国人对天地起源的一种想象和认识。相传很久以前，宇宙是一团混沌。一天，有一个叫盘古的人举起大斧向黑暗劈去，随即，轻而清的东西上升变成了天，重而浊的东西下降变成了地。此后，天逐渐升高，地不断加厚。为使天地不再合到一起，盘古以双手托天，以双脚踏地，

2006 年 9 月 29 日，北京历代帝王庙举行拜谒三皇五帝活动，活动中演绎了清代皇帝亲祭的宏大场面。

在天地间支撑了 18000 年，最终形成了天和地，而盘古也因耗尽了力气倒地绝命。

《圣经》中有上帝创造人类之说。而在中国，传说中的人类之母是女娲。盘古开天地后，大地荒凉，没有生机，人首蛇身的天神女娲在清澈的水池边，用黄泥做成一个泥娃娃，结果泥娃娃变成了活生生的人，于是她又造出许多男人、女人。为了使人类能够生存繁衍，女娲还为男人和女人建立了婚姻关系，以生儿育女。

"三皇五帝"是传说中的中国人的始祖，也是中华文明的创造者。通常认为"三皇"是指燧人、伏羲、神农，或者称天皇、地皇、人皇；"五帝"通常指黄帝、颛顼、帝喾、唐尧、虞舜。

中国上古时代的传说，大致始于氏族部落时期。相传在距今约 1 万年以前，一个发源于今中国西部昆仑山脉的被称为燧人氏的部落，来到祁连山一带的河西走廊发展。他们发明了"钻燧（燧木）取火"，使人类的食物由生变熟，减少了疾病，并增强了御寒能力。燧人氏由此被尊为"天皇"。

燧人氏之后，距今约 1 万年至 7000 年前，相传是伏羲氏时代。伏羲创天文历法、饲养牲畜、培育谷物、发明文字，是上古时期中国自然人文科学的集大成者，因此受到当时各氏族的拥戴，成为百王之首，被尊为"人皇"。传说这一时代天上破了一个大洞，造成天下大乱，洪水、大火等灾害使人们无法生存。为拯救人类，女娲烧炼了五色石，历尽艰辛把天补好，使天下重新恢复了安宁。这便是中国古代流传的"女娲补天"的故事。

传说继伏羲氏之后，在距今约 7000 年到 6000 年前，出现炎帝部、黄帝部、蚩尤部等有影响的部落联盟。炎帝部居于姜水流域（相当于今陕西省以东地区），以姜为姓。炎帝即神农氏，为中国远古时代农业和医药的发明者，教民使用农具和耕种，并曾尝百草，发现药材，教人治病。神农氏是中国农耕文化的创始人，被尊为"农皇"，而农又以地为本，所以又被尊为"地皇"。黄帝部居于姬水流域（生活区域大致与炎帝部相当），以姬为姓，号轩辕氏、有熊氏。黄帝部也有许多有才能的人，有很多发明，相传发明了养蚕、舟车、文字、音律、医学、算术等。蚩尤部也称九黎，居于长江与淮水之间。在各部落和部落联盟中，炎帝、黄帝两部落

伏羲氏画像

大禹治水被创作成为乡村墙画，装饰着湖北省宜昌市夷陵区三斗坪镇黄陵庙村的房屋。

联盟居于主导地位，其发明创造对后世影响重大，因此，"炎、黄"也就代表了中华民族的祖先，中国人便自称为炎黄子孙。直至今日，每年春天，人们都要在位于今陕西省内的黄帝陵进行祭祖。

黄帝之后，在距今约4000年前，洪水频发，水患严重，危及人类生存，中国民间流传的"大禹治水"的故事便发生在这个时期。相传当时大雨倾盆，洪水滔天，百姓受难，饿殍千里。居住在黄河中游的一个历史悠久的部落首领鲧奉命治水，但因治水无力，被舜帝杀死。舜帝命鲧之子禹继续治水。禹汲取了父亲治水的教训，把以堵为主改成以疏为主，不仅消除了洪水之灾，还为发展农业生产创造了有利条件。每每为后人称赞的是，禹在外治水十几年，多次过家门而不入。中国古文献记载的尧、舜、禹"禅让时代"（平稳并顺利地将权力转让给其他氏族部落首领），也出现在此时。尧为部落联盟领袖，他在年老时，选择舜为继承人，并经部落首领会议同意，传位给舜。后来舜又传位给禹，禹实际已是帝王，国号夏。

上古时期的国家形态

夏、商、周……秦、汉……魏、晋……隋、唐……辽、宋、夏、金、元、明、清，这些都是中国古代各个朝代的名称，其间还有多朝代并存的情况。中国古代朝代之多和更替之频，在世界各国历史中少见。

中国古代的朝代更替始终围绕王权或皇权展开，旧朝代的结束便是旧王权或皇权的结束，新朝代的建立便是新王权或皇权的建立。从公元前221年秦始皇称帝，到公元1911辛亥革命推翻清朝帝制，在长达2132年的历史长河中，古代中国实行的是基于其生产力发展水平和社会文化传统的大一统制度体系。王权或皇权高于一切和不可侵犯，由一姓家族统治百姓平民，是中国古代帝王政治一个基本特征。

中国古代的朝代更替始终是以汉族为主并有少数民族参与进行

2019年10月19日，展示夏朝中晚期都城遗存的二里头夏都遗址博物馆在河南洛阳正式开馆。

的，其间有统一，也有分裂，但总的趋势是统一，并且始终以中原文化为主导。朝代更迭并没有使中国的历史传承中断，相反中国各朝代十分明确地体现出相传相袭的特点，保持了中华文明的完整性。在漫长的历史发展中，中华文明不断地得到继承和弘扬，一脉相承。绵延不断和大一统，是中国古代历史和世界其他国家历史的主要区别。

夏、商、周，在中国被称为"三代"，是中国先民的命运共同体，也是中国的早期国家形态。

中国古代历史上第一个具有国家性质和意义的政权是夏朝，存在于约公元前 2070 年至前 1600 年之间。夏是一个奴隶制国家，其建立标志着中国历史正式进入文明时代，并开创了王朝由一家一姓世袭的先例。夏源于夏族，本是居于黄河中游的一个古老部落。禹即位后，夏的势力不断发展。夏朝的中心地区在今河南西部和山西南部。夏时，被征服的氏族或部落的土地归国有，其居民则变成奴隶。禹死后，其子启夺得王位，他废除"禅让"制，开始了王位"世袭"制。此举对中国历史影响重大且深远。夏朝的最后一位君主桀荒淫残暴，曾自比为太阳，说太阳不会熄灭，他就不会灭亡。后来东方商族首领汤率兵伐桀，夏亡。

商朝（前 1600—前 1046）是中国历史上第二个奴隶制国家。商族是居住在黄河下游的一个历史悠久的部落，在夏建立国家时，商也建立了较强的部落联盟。商汤灭夏后，建立商王朝，疆域比夏扩大了许多，其中心地区在今中国河南东北部、山东西南部和河北南部。商的国家机器比夏有了发展，有行政机构、军队、刑法和监狱等，实行野蛮的奴隶制。商王是最高统治者，独揽大权。商时青铜冶炼技术有了相当进步，青铜器在人们生活中得到广泛使用。以青铜为原料制作的鼎，本是煮食物用的器具，有圆形三足的，也有方形四足的。在中国传统文化中，鼎是王位、帝业、权力的象征，也喻示国泰民安、兴旺发达。商曾多次迁都，到商王盘庚时迁至殷（今河南安阳附近），

河南安阳殷墟遗址出土的铜圆鼎

始定居下来。由此，在中国古代文献上又常有"殷商"的提法。商朝后期因连年用兵导致国力衰弱，终被经多年准备发展壮大起来的周族趁机灭掉。

商时中国古代文明的重大进步是有了成熟的足够数量的文字——甲骨文。甲骨文是现存的中国最古的一种成熟文字，其意义是无与伦比的，它标志着中国历史进入有文字可考的时代，代表着人类一大文明体系的正式形成，至今仍是东亚汉字文化圈的共同财富。

周族与夏、商两族同样有着悠久历史。周族灭商后，建立起了新的领主制国家——周。周又分西周（前1046—前771）和东周（前770—前256）两个时期。西周定都于镐京（今陕西西安西南）。西周时，周王是最高统治者，既是中央机构的首领，又是诸侯的共主。

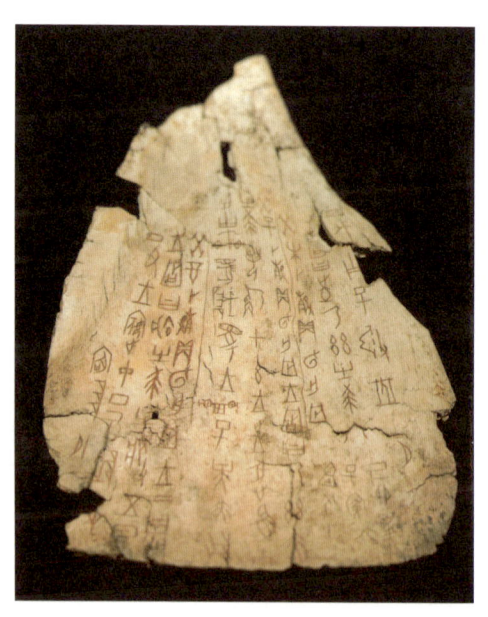

2019年12月29日国家博物馆内展出的刻有文字的甲骨

2017 年 11 月 5 日，山东曲阜六艺城展现大型周朝微缩景观。

西周实行"分土封侯"制。周王把国都附近的地区划为王畿，由王室直接统辖，而王畿以外的广大地区则分封给王亲、功臣和部落首领等诸侯，各建邦国。起初，各诸侯国与周王室的关系较紧密。与分封制相关，西周时土地属于国家所有，不得买卖，实行"井田制"（田地被阡陌、沟渠、道路分割为若干方块，很像汉字"井"，故称作"井田"）。西周的农业、手工业、商业较之商朝都有了发展，其疆域西到今中国甘肃东部，东至海滨，南到淮河流域，北到河北北部和辽宁西南部。

公元前 770 年，周王室因内部争权导致分裂，迁都洛邑（今河南洛阳）。因洛邑在镐京之东，史称东迁之"周"为东周，原都于镐京之"周"为西周。中国历史上记载东周前半段时间史事的主要著作是《春秋》，后人也称这段历史为"春秋时期"（前 770—前 476）；又因东周后半段时期七个主要诸侯国之间不断地进行战争，后人又称这段历史为"战国时期"（前 475—前 221）。东周时，诸侯与王室关系开始疏远，周王室权力日渐式微，诸侯割据争霸，演绎了"春秋五霸""战国七雄"

的历史故事。春秋时期和战国时期是中国历史上的一个乱世，但也是思想文化极为活跃的时期，出现了孔子、老子、墨子、孟子、荀子、庄子、孙子、屈原等一大批思想家、政治家、文学家、军事家，史称"诸子百家"。对日后中国影响重大的儒家、道家、法家等思想学派，均产生于这一时期。

后来，结束分裂局面、统一中国的是诸侯国中的秦国。

初次统一和分裂

公元前221年至公元220年的秦、汉时期，是中国古代国家的第一次统一期，也是第一次繁荣期，对后世影响深远。汉（前206—公元220）以后，中国的中央集权国家由统一走向分裂，并在长达近400年的时间里出现了多朝代并存的局面。

湖南常宁中国印山景区内的秦始皇摩崖画像及玉玺印章图案

秦（前221—前206）本是周时在中国西北地区建立的诸侯国，其先人早在殷商时就是镇守西戎的得力助手；秦穆公时称霸西戎，位列"春秋五霸"；秦孝公时任用商鞅变法，富国强兵，逐步成为战国中后期最强大的国家。秦王嬴政即位时年仅13岁，他采取阻止诸侯国联合和各个击破的战略，灭掉六国，在其即位的第26年（前221年）统一了中国，建立了中国历史上第一个大一统王朝——秦朝。秦王嬴政在位于中西部的咸阳（今陕西咸阳）建都，并在全国范围内建立了中央集权的专制国家。秦是中国历史上第一个君主专制朝代，确立了皇帝制度和帝国体制。自秦以后的中国古代社会里，各种势力都把做皇帝、另立朝代作为目标。

秦朝建立了比较完备的中央政权组织；废除了"封诸侯"制度，实行郡县制度，最终把全国分成41个郡，由郡守掌管政事，郡下设县；统一了货币、度量衡、车轨和文字。秦朝统治全国的时间虽然只有短短的15年，但对中国历史的影响却是深远的，最重要的是奠定了中国政治、经济和文化的"大一统"基础。秦实行暴政，这也决定了它只能是一个短命政权，传至第二个皇帝秦二世时便因农民起义发生天下大乱，最后被汉取代。

秦始皇嬴政堪称千古一帝，在中国历史上影响巨大。他结束了国家长期的分裂割据局面，建立了中国历史上第一个统一的多民族国家。但同时他又是一位狂妄自大、专制暴虐的君主。他认为自己德高"三皇"、功过"五帝"，所以将"皇"与"帝"一并加在自己的头上，称作"皇帝"。他自称"始皇帝"，期望子孙继位，传至千万世。他在对全国12年的统治中，推行严刑苛法，租役繁重，大兴土木，常年用兵，人民不堪重负，苦难深重。他将不利于秦统治的书籍烧毁，将发表不利于秦统治言论的读书人活埋，这便是中国历史上有名的"焚书坑儒"事件。他通过苛暴的徭役征发组织了多项规模巨大的工程，其中包括征招几十万人参加修建的万里长城和为自己修建的工程浩大

秦始皇兵马俑

的陵墓（即秦始皇陵，著名的秦兵马俑是其一部分）。

汉是继秦之后中国历史上建立的第二个由一姓家族（刘姓）执掌的君主政权。因为汉王室在公元25年重新建立政权并迁都，中国历史上又把汉分为西汉（前206—公元25）、东汉（25—220）两个时期。西汉王朝的建立者是汉高祖刘邦。刘邦出身于平民阶层，曾在秦朝基层政权任职。他雄才大略，知人善任，不拘一格选拔人才，开创了中国历史上一个新的局面：皇帝和他身边的文臣武将大多出身低微，改变了上古以来的世卿世禄制度，为后世效法。

西汉定都于长安（今陕西西安）。西汉基本上继承了秦王朝的各项制度，加强中央集权，并总结秦亡教训，推行"与民休息"政策。汉朝在初期让大批士兵退伍回家，减免他们的徭役，并采取压抑商贾的政策，鼓励发展农业，使社会稳定、经济发展，出现了中国历史上第一个盛世——"文景之治"。汉武帝刘彻深谋远虑，多次出击匈奴，迫使其远徙漠北，命张骞出使西域（汉时指现在甘肃玉门关以西的新疆和中亚细亚等地区），沟通汉与西域各族联系。在此基础上，西汉设置西域都护府，对这一地区进行有效管辖。西汉后期社会矛盾加剧，农民反抗运动不断，并且政权内部出现了外姓篡夺皇权的行为，由此引发战争。最终汉室成员刘秀重新夺回刘姓政权，建立了东汉王朝，定都于洛阳（今河南洛阳）。东汉在外交上有很大的发展，公元57年日本派使臣到中国，中日交往从此开始，还有名将班超出使西域。

东汉末年，发生了中国历史上有名的黄巾大起义（起义者头戴黄色围巾），各方势力趁机而起，军阀割据混战，天下分崩离析，东汉王朝名存实亡。经过长期较量，形成了魏、蜀、吴三国（220—280）鼎立的局面。三国中魏政权的奠基人是中国历史上有名的政治人物曹操，他重新统一了中国北方。其子曹丕于220年废掉东汉最后一个皇帝（汉献帝），自立为帝，改国号为魏，定都洛阳（今河南洛阳）。以恢复汉家天下为号召的刘备，于221年在地处西南的成都（今四川

历代帝王图中的东汉光武帝刘秀

2017 年 7 月 11 日，陕西省汉中市勉县举行大型实景演出《出师表》。该剧以诸葛亮在汉中鞠躬尽瘁的历程为主线，通过科技加艺术手段再现三国时期的经典故事。

成都）称帝，国号汉，史称蜀或蜀汉。中国历史上著名军事家诸葛亮即为蜀国丞相。229 年，位于中国东南部的另一力量代表孙权称帝，国号吴，定都建业（今江苏南京）。

　　三国之后，中国历史上有西晋（265—317）、东晋（317—420）两个王朝，都是一姓家族（司马氏）的王朝，统称晋。西晋定都北方洛阳，东晋定都江南建康（今江苏南京）。晋政权产生于魏政权，司马氏家族多年为魏政权重臣，最终通过朝廷内部斗争取代魏政权。西晋军事力量强大，于 280 年灭掉吴国（263 年蜀已被魏灭掉），结束了东汉末期开始长达 90 年的分裂割据局面，短暂统一中国。但至东晋时，中国重新陷入分裂之中，长达近 300 年。

再次统一和分裂

581 年至 907 年的隋唐时期，是古代中国历史上第二次统一期，出现了新的盛世，中华帝国空前强大。

结束几百年分裂局面、重新统一中国并建立中央集权国家的是隋（581—618）。隋朝的开国皇帝杨坚，曾是北朝最后一个政权北周的重臣，通过控制北周政权当上皇帝。杨坚于 581 年改国号为隋，定都长安（今陕西西安）。隋巩固了北方之后，又出兵灭掉了南方政权陈，结束了南朝、北朝对峙的局面。与秦相似，隋朝存在的时间很短，不到 30 年，但它结束了中国长期分裂的局面，为日后唐朝的发展奠定

江苏省无锡市清名桥古运河段

了重要基础。正如同没有秦便没有汉，没有隋也便没有唐。隋有许多创举，如创立对日后影响深远的科举制度，开辟了士人参与政权的新途径。又如开凿大运河，为中国南北的经济、文化交流和巩固国家统一起到了巨大作用。这条大运河至今仍是中国南北交通的重要运输线。隋朝的第二个皇帝隋炀帝杨广骄奢淫逸、好大喜功、大兴土木。他曾征发民夫 100 多万人修筑长城，结果十天中死者十之五六。隋炀帝因暴政致使国力衰竭、民怨沸腾、反抗不断，最终失去天下。

取代隋的是唐（618—907）。唐朝是中国历史上最强盛的统一的中央集权王朝，也是统治时间最长的王朝之一，历时 289 年。唐朝的历史也可分为前后两个时期：前期国力强盛，文化繁荣；后期社会动荡，民生凋敝。唐的开国皇帝李渊曾是隋朝的重臣，在隋末反抗运动中趁机夺取权力，自立为帝，改国号唐，定都长安（今陕西西安），并统一了全国。

唐太宗李世民是中国历史上最有名的皇帝之一。他帮助父亲李渊仅用四年多一点时间就统一了全国。他通过发动兵变，杀死哥哥，并逼其父退位，从而即皇帝位。他总结隋灭亡的经验，听取来自各方面的意见和建议，重用有能力的人，减轻百姓的赋税负担，发展生产，并且比较成功地处理了汉族与少数民族的关系，使国家出现太平景象，这就是历史上著名的"贞观之治"。唐太宗既有识人之能，又有用人之量，即使反对过他的人，也能得到他的重用。他深谙帝王统治之道，曾把天下百姓比作水，把统治集团比作舟，认为水可载舟，也可覆舟。这种太平景象发展到他的后继者唐玄宗时达到了高峰，史称"开元盛世"。

唐时，中国古代的思想文化艺术成就达到一个新的高度，佛教、道教、伊斯兰教并存，出现了李白、杜甫、白居易等伟大的文学家，天文、历法、医学、建筑等也有了新发展。唐时，恢复了中西商路，40 多个国家的使节来到长安，与唐朝通好。唐成为当时世界上最强大的国家。

潮剧《李世民登基》剧照

中国历史上唯一的正统女皇帝——武则天，于690年称帝，改国号为周，定都洛阳，建立武周。武则天多权略，知人善任，在治国策略上多有新举，并且巩固了对西域地区的有效管辖。

755年，唐朝的两位将领安禄山和史思明发动叛乱。历经数年，叛乱虽被平定，但唐朝中央权力从此日益削弱，新的地方割据局面出现，朝廷内部争夺权力的斗争不断加剧，唐王室逐渐失去对全国的控制。唐末，爆发了波及大半个中国的农民大起义，地方势力借机而起。907年，唐被后梁取代。

唐朝灭亡以后，中国又一次进入分裂期。这一时期，在北方中原地区相继出现了梁、唐、晋、汉、周五个朝代。为了与历史上先存的同名称朝代相区别，这五个朝代在中国历史上又被称为后梁、后唐、后晋、后汉、后周，其存在时间自公元907年到960年，一共只有53年。与此同时，在南方和其他地区也相继建立了一些小的王国，共计有十个，中国史书上又称之为"十国"，其存在时间自公元891年到

唐代绘画《牧马图》

979年，共88年。中国史学家通常把上述这些朝代统称为"五代十国"。唐以后，中国的政治中心开始由中西部向东中部转移。

宋朝（960—1279）是上承五代十国的政权。根据首都及疆域的变迁，宋又分为北宋（960—1127）和南宋（1127—1279）两个时期。宋的开国皇帝宋太祖赵匡胤于960年通过兵变夺取皇权，改国号为宋，定都汴京（今河南开封），史称北宋。北宋初期，基本上统一了中国的南方，并对全国大部分地区实施有效统治。

宋太祖赵匡胤原本是后周高级将领，通过被其部下黄袍加身并发动兵变夺取政权。当上皇帝后，为了避免自己的故事重演，他决定削弱将领们的权力。经过精心设计，一次，他设宴款待追随他多年并立下功劳的将领们。席间，他叹息道："多亏各位扶持，我才有今天，你们的功德，我永远都忘不了。可是你们哪里知道，做天子还不如做节度使快乐。"众将不解其意，惊问何故，他答道："这有什么不明白的，有谁不想当皇帝？"众将忙说："陛下何出此言？如今还有谁会有二心呢？"他平静地说："未必吧？就算你们没有二心，难保你们的部下没有贪图富贵之人。一旦他们把黄袍加到你们的身上，只怕也不由得你们了。"众将吓得连忙回答说："臣等愚昧，恳请陛下给我们指点一条出路。"他说："各位不如解去兵权，多买良田宅院，尽情享受一番。我们君臣无猜，相安无事，岂不很好？"第二天，众将纷纷上书称病辞官，宋太祖当即同意，并赏赐给他们大量钱财。这便是有名的"杯酒释兵权"的故事。

王安石变法（1069—1085）是北宋历史上的一件大事。王安石是中国历史上一位伟大的政治家、思想家、文学家。王安石变法是发生在宋神宗时期旨在改变北宋建国以来积贫积弱局面的一场社会改革运动。变法以发展生产富国强兵、挽救危机为目的，以"理财""整军"为中心。变法在一定程度上增强了北宋国力，但却遭到守旧的既得势力的强烈反对，以致原本支持变法的宋神宗不得不终止变法，恢复旧制。王安石被罢相，并在郁闷之中离世而去。这场发生在 11 世纪的社会改革运动，要早于近代欧洲资本主义运动约 6 个世纪。变法中所蕴含的契约精神、激励机制和赏罚措施，对后世影响深远。

北宋画家张择端的《清明上河图》，描绘了当时京城汴京的市井生活。

1127 年，北宋政权被北方的金所灭，宋王室在南方的临安（今浙江杭州）重新建立政权，史称南宋。

宋朝是中国历史上经济与文化、艺术、教育最繁荣的时代之一，科技发展、政治开明，甚至有西方学者认为宋朝可以称作中国历史上的文艺复兴与经济革命时期。宋朝时与中国通商的国家有 50 多个。

第三次统一

取代宋朝的是元朝（1206—1368），中国由此进入第三次统一期。经元、明、清三朝，统一的中华帝国再创辉煌，直到 18 世纪末、19

2017 年 4 月，游客在北京元大都遗址公园海棠花溪景区赏春。

世纪初开始走向衰落。

元朝是中国历史上第一个由少数民族在全国范围内建立的中央政权。公元 11 世纪前后，蒙古部落在中国北部蒙古草原上迅速崛起。1204 年，生于蒙古贵族世家的铁木真统一了蒙古草原。1206 年，他被推为全蒙古的大汗，尊称为成吉思汗，并建立了蒙古汗国。蒙古汗国凭借其强大的军事实力，多次向西方的中亚和欧洲进军，并消灭了西夏、金、大理（中国北方和西南地区的少数民族政权）等，降伏了吐蕃（中国古代藏族政权），领土不断扩大。1271 年，成吉思汗的孙子忽必烈改国号为"大元"，并于第二年宣布建都大都（今北京），尊成吉思汗为元太祖。

忽必烈即元世祖。北京自此成为元、明、清三代的都城，中国的政治中心也由南向北转移。1279 年，南宋被元灭亡。多个政权长期并立的局面结束，中国又实现了新的统一。

取代元朝并当上新朝代开国皇帝的是朱元璋，即明太祖。1367 年，他在元末各种力量的较量中取得政权，正式即皇帝位，第二年，建国号大明（1368—1644）。明朝最初定都在应天府（今江苏南京），并改大都为北平。

朱元璋出身贫寒，儿时曾行乞，少时做过僧人，因英勇善战、足智多谋，并广结各方能人志士，在元末农民战争中脱颖而出。经过苦心经营，他建立了一支强大的队伍，并最终依靠这支力量战胜各方异己势力，夺取天下。他通过制定新法、整顿纲纪、改革行政机构，进一步加强封建中央集权。为了加强对臣民的监督控制，他还设立特务组织，如巡检司和锦衣卫，监视官员的活动。朱元璋是中国历史上最残暴的君主之一。为防止他人觊觎天下，他大肆诛杀功臣，其中最多时一次共杀 3 万多人。据史书记载，他长相丑陋，一些画师因没有将其画为美男子，结果被杀死。

1421 年，杀死侄子夺皇帝位的明成祖朱棣将都城从南京迁到北京。

明孝陵博物馆的朱元璋等人塑像。从左至右依次为：汤和、刘伯温、朱元璋、马皇后、徐达。

朱棣曾做过燕王，其根基在北方。迁都北京，在客观上有利于巩固北部边防，进而控制东北地区。明时，北方的长城继续得到修建和巩固，成为防御外族入侵的一道重要屏障。自元代以来，北京城的建设继续发展。1406 年至 1420 年，一座宏伟无比的建筑在北京诞生，这便是被后人称为紫禁城的故宫。帝王们也没忘记自己死后寝宫的建设，位于北京北部的明十三陵，在他们活着的时候就开始营建。

对世界航海事业产生重要影响的郑和下西洋，即发生在明成祖时期。为加强与海外诸国的友好联系，明成祖派信奉伊斯兰教的官员郑和（1371—1433）出使西洋。从 1405 年到 1433 年，郑和先后 7 次航海，访问过亚非 30 多个国家和地区，最远到达红海沿岸和非洲。郑和下西洋的壮举比欧洲航海家的远洋航行早了半个世纪。

明后期，生活在中国东北的女真族迅速发展壮大，并于 1616 年建立政权，称后金。1636 年，这个少数民族地方政权的首领皇太极自称皇帝，改国号清，改族名为满洲，这便是把清政权称为"满清"的由来。1644年，清军入关（山海关以内），并很快稳固了对全国的统治。清（1616—1911）是中国历史上最后一个封建朝代，统治全国长达267年。清朝中前期，中国统一的多民族国家得到巩固和发展。康熙、雍正、乾隆等是中国历史上很有作为的皇帝，他们平定地方叛乱，统一台湾，统一新疆和外蒙古，设置驻藏大臣，反对外族侵略，基本上奠定了今天中国的疆域规模。这便是"康乾盛世"的由来。

康熙登基执政的时间与法国国王路易十四临朝亲政的时间相当，而且他们有许多相似之处：皆幼年称帝、天资聪颖，都有着雄才伟略，都在半个多世纪时间里牢牢控制着中央政权，进行专制统治，并且把自己的国家带入历史上一次新的鼎盛时期。康熙8岁登极，在位61年，是中国历史上有文字记载以来在位时间最长的君主，也是中国历史上少有的嗜书好学的帝王。他是中国帝王中最早接触西方近代科学知识并对西方科技感兴趣的人。

印尼三宝垄市三保洞郑和庙

康熙皇帝读书坐像

乾隆是康熙的孙子，25岁当上皇帝，在位60年，当太上皇4年，享年89岁。他是中国历史上最长寿的皇帝，也是中国历史上实际执政时间（63年）最长的皇帝。乾隆是一位文化型皇帝，他主持编修了中国文献巨著《四库全书》。此项工程动用了4186人，长达20年，对保存中国文化是一大贡献。北京现存的许多清代皇家宫殿园林，都与乾隆时期的维护、兴

清代宫廷画家意大利人郎世宁绘《乾隆大阅图》（局部）

建有关,如颐和园、圆明园和天坛祈年殿等,如今多成为世界文化遗产。乾隆本人多才多艺,勤奋好学,擅书画,兼长诗文,他每天闲暇时间必做三件事:作书、作画、作诗。他一生留下42600多首诗,可谓前无古人、后无来者。

清朝中后期,正是中国农业文明走向尽头而西方国家开始资本原始积累并疯狂进行海外殖民扩张的时期。中国与西方发生了长达一个多世纪的碰撞和冲突。最终,古老的农业帝国无力与船坚炮利的资本帝国对抗,君主专制制度也在人民的选择中退出历史舞台。

第二章 中华民族共同体的由来

中华民族成为一体的过程是逐步完成的。看来先是各地区分别有它的凝聚中心，而各自形成了初级的统一体。比如新石器时期在黄河中下游都有不同的文化区，这些文化区逐步融合出现汉族的前身华夏的初级统一体，当时长城外牧区还是一个以匈奴为主的统一体，和华夏及后来的汉族相对峙。经过多次北方民族进入中原地区及中原地区的汉族向四方扩散，才逐步汇合了长城内外的农牧两大统一体。又经过各民族流动、混杂、分合的过程，汉族形成了特大的核心，但还是主要聚居在平原和盆地等适宜发展农业的地区。同时，汉族通过屯垦移民和通商在各非汉民族地区形成一个点线结合的网络，把东亚这一片土地上的各民族串联在一起，形成了中华民族自在的民族实体，并取得大一统的格局。这个自在的民族实体在共同抵抗西方列强的压力下形成了一个休戚与共的自觉的民族实体。这个实体的格局是包含着多元的统一体……

——费孝通《中华民族的多元一体格局》

地理环境和内聚发展

中国有"一方水土养一方人"这样的俗语。这句话揭示了自然环境对人的生存发展的重要性。中国作为一个统一的多民族国家，特殊的地理环境使它在形成和发展过程中，明显地表现出内向和内聚的特点。

中国位于地球东半球的北部，亚洲大陆的东部，东临太平洋，是一个海陆兼备的国家。现今中国疆域辽阔，陆地面积约960万平方公里，约占地球陆地面积的1/15、亚洲的1/4，小于俄罗斯和加拿大，大于美国、澳大利亚，与欧洲相当。中国的陆上疆界长达22000多公里，大陆海岸线长达18000多公里，与15个国家相邻，与6个国家隔海相望。

中国的地势呈西高东低的阶梯状，直到大海。中国地理形态丰富，山脉、高原、盆地、平原、湖泊、丘陵等一应俱全，形成各具特色的地貌区域。中国多山，西有喜马拉雅、昆仑、天山、祁连、阿尔泰等山脉，中有横断、大巴、太行、阴山等山脉，东有武夷、长白等山脉，山区面积占全国总面积的2/3。这些高大山脉海拔从几百米到几千米不等，构成网络状，如同脊梁撑起中国的地貌轮廓。盆地多位于西部，主要有准噶尔、塔里木、柴达木、四川等四大盆地。高原主要位于西部和北部，有被称为"地球第三极"和"世界屋脊"的青藏高原以及云贵、黄土、内蒙古等高原。东北平原、华北平原和长江中下游平原是中国的三大平原，都位于地势较低的东部地区。中国的丘陵多分布在东南地区。美国汉学家费正清在比较了中国与欧洲、北美洲、印度后认为：中国在地理上缺乏地中海或广阔的平原所提供的便利交通；中国的华北平原远小于印度北部的平原，更不用说北欧大平原和北美的中西部平原了。

中国多河流，主要水系有长度及流量均居世界前列的长江，以及黄河、珠江、黑龙江等。与北美洲的河流基本由南向北、中亚地区的河流基本由北向南不同，中国的众多河流基本依地势的倾斜自西向东或向东南汇入大海。这些河流从高处流向低处时，产生了巨大的水能资源。

中国的国土从北纬50度一直延伸到北回归线以南，大部分国土的纬度都在欧洲以南，与美国基本相当。中国的气候呈明显的多样性，绝大部分地区处于温带、暖温带和亚热带，气候温和，四季分明。大陆性季风气候是中国气候的主要特征。夏季盛行东南风，炎热多雨，气温比世界同纬度的其他地区偏高；冬季多偏北风，寒冷干燥，气温又比同纬度的其他地区偏低。

当干冷的大陆气团与潮湿的海洋气流在中国交汇时，便产生了主要的降雨。以淮河–秦岭–青藏高原东南边缘为一线，其东与南年降水量在800毫米以上，其北与西则不足800毫米；越向西北方向，降水越少，最少的塔里木盆地不足50毫米。降水量呈明显季节变化特点，集中在夏季。南方雨季长，集中在5—10月；北方雨季短，集中在7—8月。

中国的东方和东南方，从北向南依次是渤海、黄海、东海和南海，海岸线漫长。

中国的北方，是辽阔的蒙古高原，并被大沙漠、戈壁和阴山山脉分割为内蒙古（漠南）和外蒙古（漠北）两片。而在蒙古高原以北，则是东西走向长达几千公里的山脉，山脉再向北，就是寒冷的西伯利亚。面对这种特殊的地理环境，草原上的民族在寻求发展机遇时，只能走向高原的南部，即黄河和长江流域的中原地区。古时生活在蒙古

黑龙江省大兴安岭地区林海雪景

高原上的民族多为游牧部落，他们被中原的地理环境和文化所吸引，一直具有南下趋势，其中有的还南下中原建立了政权。

中国的东北，西有大兴安岭与蒙古高原相接，北有小兴安岭，东有长白山山脉，南有渤海和黄海，位于这些山海之间的是辽阔的东北平原。在东北之南，沿着渤海的西岸，是一条狭长的走廊，即辽西走廊。这条走廊成为连接东北与中原的一条极为重要的道路。历史上，起源于中国东北的民族，大多沿着这条走廊南下西进，寻求到富庶的中原地带发展。中原地区的汉族，也常常沿着这条走廊来到东北平原，开拓新的生存之路，并将中原地区的先进文化带到这里。

中国的西北，边疆一带是难以逾越的崇山峻岭和荒漠戈壁，构成了一道天然屏障。这里北有唐努山和阿尔泰山，西有海拔在4000米以上的帕米尔高原，南有巍巍昆仑山脉，再向南是生存环境较差的青藏高原。生活在这里的各民族要想得到更好的发展，向东是最好的选择，而东部中原地区也能够为这里的发展提供必要的物质条件。古时

青藏高原东南部的莲宝叶则风景区

这里的各民族通过蒙古高原和河西走廊（今甘肃西部祁连山以北的狭长地带，因在黄河之西而得名），与中原地区的交流非常密切，在文化上与中原地区形成了互补。

中国的西南，在边陲上横亘着海拔5000米以上的喜马拉雅山脉和谷深水急的横断山脉，并与青藏高原和云贵高原相依，是古代交通最不方便的地区，"连峰迹天，飞鸟不通"。这里是中国少数民族最为集中的地区，有几十个少数民族在此生活，他们历来的主要发展取向也都是走向东北方的中原地区。

地理环境使得中国古代各民族向外发展受到天然的限制，有些障碍甚至是难以逾越的，这就迫使周边各民族向内发展；而中原地区适合人类生存的一些优势和条件，如气候温和、物产丰富、文化繁荣等，更是吸引了中国四周各民族的内聚倾向。同时，中原政权稳定的政治统治和对各民族采取的包容政策，也促进了各民族的内向发展。

中国的区域人文特征

中国地理形态的多样和各地气候的明显差异，不仅影响着不同区域人民的生产方式，如选择农耕、牧业、渔猎或其他产业，而且还影响着人们的生活方式，如习俗、生活情趣等，甚至对不同区域人民的体格和性格也产生着影响。

人们谈到中国人时，经常会出现南方人、北方人、东北人、西北人等说法，以示在不同的自然环境条件下人类生存发展所展现出的不同特征。

在传统中国，南方与北方，东部、西部与中部，在生产方式上有很大的不同，这种不同有的至今存在。总体而言，南方与东部的自然条件更适合发展农业，兼有渔业；北方和西部的自然条件更适合发展牧业，兼有农业。

南方和东部主要是丘陵、平原和湖泊，大的山脉相对较少。这里气候温和，日照充足，降雨充沛，利于灌溉，宜于种植水稻，且可以一年收获两季，也便于水上运输和渔猎。特别是东南地区，历来有"鱼米之乡"的美誉。这里水乡遍地，居住在这一地区的人们又被称为"水上人家"。历史上这里较北方更为富庶，除非发生特大水灾，生活基本是安逸的，因此这一地区人口众多，村镇密集。这里的人民勤劳善良，性情温和委婉，呈现出江南文化的特点。

而在北方和西部，山脉纵横交错，高原众多，占据相当大的面积。这里大陆型气候明显，气候比南方寒冷，自然环境较南方和东部要严

安徽省庐江县万山镇秀美风光

酷得多。历史上这里以牧业为主，并在适合农作物生长地区种植小麦、玉米、高粱等。北方的河流多具季节性特征，大多数无法航运。在古代中国，这一地区主要的运输工具就是牲畜。西北部地区地域广阔，人口较少。受严酷的自然环境影响，历史上北方地区经常发生饥荒，生活较为艰苦，这也使得这里的人民性格粗犷豪放、坚强刚毅。

　　说到中国的山脉地理，就不能不提秦岭。秦岭是中国大地上极其重要的山脉之一。从自然地理的角度讲，秦岭由一系列山脉和其间的河谷、山间盆地组成。自古以来，秦岭就被认为是中国的南北分水岭。原因之一是就地理而言，秦岭高耸于中国中央位置，横亘东西，向东延伸与淮水相接，从而构成中国南北自然地理分界线；二是就文化而言，以秦岭为轴心地带形成的华夏文明具有鲜明的南北文化区别特征。中国文化中，包括哲学、宗教、文学艺术等几乎都存在南北分流的事实，同时又在多元中形成一体。以先秦儒道两家为例，孔孟在北，老庄在南。"三千里大秦岭，五千年华夏史。"秦岭与黄河、长江构成的"一山两河"，是华夏文明的重要发祥地。

南北方人民性格的差异在中国古代文学里也得到了较充分的反映。以下这首中国古代南朝（420—589）时的民歌，笔法细腻，表现了一个女子对爱情的忠贞，对对方爱情不专一的怨恨：

> 侬作北辰星，千年无转移。
> 欢行白日心，朝东暮又西。

与南朝同时的北朝（386—581）的一首民歌，则形象地表现了北方游牧民族的生活环境，气象雄伟、豪放开阔：

> 敕勒川，阴山下，
> 天似穹庐，笼盖四野。
> 天苍苍，野茫茫，
> 风吹草低见牛羊。

在今天的中国，为促进区域经济协调发展，国家提出了推进西部大开发、振兴东北老工业基地、促进中部地区崛起、鼓励东部地区率先发展等战略。这里的西部、东北、中部、东部，都是特定的地理概念。

中国的西部地区包括重庆、四川、贵州、云南、西藏、陕西、甘肃、青海、宁夏、新疆、内蒙古、广西12个省（自治区、直辖市），面积685万平方公里，占全国的71%；2020年人口为38285.23万人（第七次全国人口普查结果，下同），占全国的27.12%。

中国的东北地区包括辽宁、吉林、黑龙江3个省，面积79万平方公里，占全国的8.2%；2020年人口为9851.49万人，占全国的6.98%。

中国的中部地区包括山西、河南、湖北、湖南、安徽、江西6个省，面积102.7万平方公里，占全国的10.7%；2020年人口为36469.44万人，占全国的25.83%。

中国的东部地区包括北京、天津、河北、山东、江苏、上海、浙江、福建、广东和海南10个省（直辖市），面积91.3万平方公里，占全国的9.5%；2020年人口为56371.71万人，占全国的39.93%。

20世纪30年代，中国地理学家胡焕庸曾提出划分中国人口密度的对比线，最初称"瑷珲－腾冲一线"，后因地名变迁，先后改称"爱辉－腾冲一线""黑河－腾冲线"，这就是著名的"胡焕庸线"。这条线从黑龙江省瑷珲（1956年改称爱辉，1983年改称黑河市）到云南省腾冲，大致为倾斜45度基本直线。胡焕庸在1935年通过研究得出，线东南

新疆巴里坤大草原

方 36% 国土居住着 96% 人口，地理结构以平原、水网、丘陵、喀斯特和丹霞地貌为主，自古以农耕为经济基础；线西北方人口密度极低，是草原、沙漠和雪域高原的世界，自古是游牧民族的天下。如此，便划出了两个迥然不同的自然和人文地域。新中国成立后所进行的七次全国人口普查得出的数字说明，这条线两侧人口所占百分比基本变化不大。

"胡焕庸线"在某种程度上也成为目前中国城镇化水平的分割线。这条线的东南各省区市，绝大多数城镇化水平高于全国平均水平；而这条线的西北各省区，绝大多数低于全国平均水平。随着时间的推移，人们逐渐发现，这条人口分割线与气象上的降雨线、地貌区域分割线、文化转换的分割线以及民族界线均存在某种程度的重合。

从"中国"到"中华"

"中国"在英文中写作"China"。为什么这样写？看法不一。有的认为中国古代以瓷器闻名于世，而"瓷"在英文里即为"china"，于是人们便以此来称呼中国。还有的认为这是中国历史上第一个封建王朝秦（Chin）朝的音译，代表着古代中国强大时期的特征。不管怎样，"中国"一词的语源，大体是通过对中国古代具有代表性的一种事物或情况的概括而转化为对一个国家的认识。

据历史学家考证，中国的先人早在 3000 多年前就使用"中国"一词了，它最早反映的是传说时代居住在黄河中游的部落控制的区域。在漫长的历史发展中，"中国"一词的内涵也在不断扩大。在古代，中国不是一个国家概念，它只是一个表现一定地域的概念。这个地域并不是国家的全部，而仅仅是指其中心部分。2500 多年前的中国古典文献《春秋》中称："中国，京师也。"同时期的另一古典文献《诗经》称："惠此中国，以绥四方。"这里的"中国"意指首都，实际上是

2020年10月9日，市民在河南省平顶山市宝丰县汝瓷展厅参观。

驾驭"四方"的核心，而"四方"则是中原以外的广大地区，包括边疆各少数民族地区。

在古代，东亚这一区域整个国家的概念是以"天下""四海""海内"等词来称呼的，并与"中国"一词同时存在和使用。在古代中国人的观念中，"天下""四海""海内"既包括中原地区，也包括周边的少数民族地区。所以，在中国古代才有"得民心者，得天下"的说法，也有"天下一家""天下归一"的说法，还有"四海之内皆兄弟"和"海内存知己"的说法。在那时，皇（王）权被认为是高于一切的，无所不及，无处不达，统辖控制着在皇（王）家认识上能够到达的所有地区，正所谓："溥天之下，莫非王土，率土之滨，莫非王臣"。因此，在古代中国，"天下"才是国家，也才是今天所说的中国。她在地域上应包括中国各民族居住的地区，在政权上应包括各民族建立的中原与地方政权。

中国古代朝代之多、更替之频，在世界各国中少见。为表明每一

北京故宫博物院，旧称紫禁城，15世纪至20世纪初一直是中国封建皇权的统治中心。

朝代的正统地位，中国的历代王朝，其国号都以朝代名称命名，如"大汉""大唐""大宋""大元""大明""大清"等。早期西方国家在与中国接触时，有以"明国"和"清国"等来称呼中国的，也有"唐人""清人"等说法，这些大体上是对古代中国国家和中国人的一种印象描述。

在中国，把"中国"一词作为整个国家的名称，以此代表一个国家，成为"民族国家"概念，还是近100年来的事情。1911年中国人民推翻了最后一个君主专制政权——清朝，成立了中华民国，"中国"一词才成为具有现代国家意义的正式名称。

与"中国"一词演进的逻辑相似，"中华"一词也是在长期的历史发展中形成的。据考证，"中华"一词是由"华夏"发展而来，而"华夏"又是由"夏"和"华"演变而来。在中国历史上，最早出现"华夏"一词是在春秋时期（前770—前476）。因为"夏"字本有"大""美"

之因素，而"华"字又有美丽、光鲜、荣耀之意，所以春秋战国（前475—前221）时期，人们便将"夏"和"华"字系连，称为"华夏"。魏晋时期（220—420），"华夏"之称逐步演化为"中华"。到了唐代，"中华"一词已经被文人们普遍使用，唐代诗人每以"中华"自豪。如"明时无外户，胜境即中华"，"冠冕中华客，梯航异域臣"，"异域东风湿，中华上象宽"，等等。"中华"一词，实取"中国""华夏"两词各一字组合而成，意即居于中国的大美、光荣之邦。

到了近代以后，随着民族危机的加深和民族意识的觉醒，一些怀有深厚民族主义思想的文化人，开始思考中国的民族定位和民族发展问题，梁启超、章太炎等人多次讲到关于中华民族和中华民族复兴的问题。孙中山就任中华民国临时大总统后，于1912年1月5日发布《对外宣言书》，首次以政府文件的形式肯定"中华民族"的称谓，指出："吾中华民族和平守法，根于天性，非出于自卫不得已，决不肯轻启战争。"中华民族的称谓由此郑重宣告于世界。从此，"中华民族"就成为生活在中国土地上的各民族庄严的集合称谓。

在今天，"中国"一词已成为中华人民共和国的简称，她是一个由56个民族组成的统一的多民族国家；"中华民族"是一个命运共同体，是中国各民族的共同体和统称，也是中国全体国民的共同体和统称。中华人民共和国的行政区域划分如下：

全国分为省、自治区、直辖市；

省、自治区分为自治州、县、自治县、市；

县、自治县分为乡、民族乡、镇。

目前，中国有34个省级行政单位，包括23个省、5个自治区、4个直辖市和2个特别行政区。

中国的首都是北京。

中国地图

审图号：GS(2019)1703号

自然资源部 监制

中国省级行政区划简表

名称	简称	行政中心	面积（万平方公里）	人口（万人）
北京市	京	北京	1.68	2189.31
天津市	津	天津	1.13	1386.60
河北省	冀	石家庄	19.00	7461.02
山西省	晋	太原	15.60	3491.56
内蒙古自治区	蒙	呼和浩特	119.75	2404.92
辽宁省	辽	沈阳	14.57	4259.14
吉林省	吉	长春	18.70	2407.35
黑龙江省	黑	哈尔滨	46.90	3185.01
上海市	沪	上海	0.62	2487.09
江苏省	苏	南京	10.26	8474.80
浙江省	浙	杭州	10.18	6456.76
安徽省	皖	合肥	13.90	6102.72
福建省	闽	福州	12.00	4154.01
江西省	赣	南昌	16.66	4518.86
山东省	鲁	济南	15.30	10152.75
河南省	豫	郑州	16.70	9936.55
湖北省	鄂	武汉	18.74	5775.26
湖南省	湘	长沙	21.00	6644.49
广东省	粤	广州	18.60	12601.25
广西壮族自治区	桂	南宁	23.77	5012.68
海南省	琼	海口	3.40	1008.12
重庆市	渝	重庆	8.20	3205.42
四川省	川、蜀	成都	48.40	8367.49
贵州省	贵、黔	贵阳	17.00	3856.21
云南省	云、滇	昆明	39.40	4720.93
西藏自治区	藏	拉萨	127.49	364.81
陕西省	陕	西安	20.50	3952.90
甘肃省	甘、陇	兰州	45.00	2501.98
青海省	青	西宁	72.00	592.40
宁夏回族自治区	宁	银川	6.28	720.27
新疆维吾尔自治区	新	乌鲁木齐	165.58	2585.23
香港特别行政区	港	香港	0.1104	747.42
澳门特别行政区	澳	澳门	0.0028	68.32
台湾地区	台	台北	3.60	2356.12

注：中国内地各省级行政区人口数为2020年第七次全国人口普查结果。香港、澳门人口数为香港、澳门特别行政区政府提供的2020年底数据。台湾地区的人口数为台湾地区有关主管部门公布的2020年底的户籍登记人口数据。

多民族共同缔造的国家

多元一体，多民族的大一统，是中国国家的一个显著特征。

如前所述，早在公元前 221 年，中国历史上第一个封建王朝秦朝就实现了国家的第一次大统一，随后建立的汉朝进一步发展了统一的局面。秦汉在全国推行郡县制，统一法律、文字、历法、车轨、货币和度量衡，促进了各地区各民族的交流，奠定了中国长达两千多年统一的多民族国家在政治、经济、文化等方面的基本格局。此后，无论是汉族建立的隋、唐、宋、明等朝代，还是少数民族建立的元、清等朝代的中央政权，都以中国的"正统"自居，把建立统一的多民族国家作为最高政治目标。

中国的疆域和版图，是中国各民族共同开发的。华夏族最早开发了黄河流域的陕西、甘肃等地和中原地区；东夷最先开发了沿海地区；苗族、瑶族最先开发了长江、珠江和闽江流域；藏族、羌族最先开发了青海、西藏；彝、白等民族最先开发了西南地区；满、锡伯、鄂温

陕西省延安市延川县黄河乾坤湾景色

克和鄂伦春等民族的祖先最先开发了东北地区；匈奴、突厥、蒙古等民族先后开发了蒙古草原；黎族最先开发了海南岛；高山族最先开发了台湾。

历史上，占中国人口多数的汉族，主要聚居在黄河、长江中下游流域的中原地区。这里气候温和，土地平坦且肥沃，宜于农耕。而中国的少数民族大多分布于周边地区，这些地区的自然地理条件较之中原地区要复杂得多，多草原、沙漠、森林、高原、高山、丘陵、湖泊等，宜于牧业、狩猎、渔业。各个地区相比，中原物产最为丰富，经济文化最为发达，而各边疆地区的经济形态则比较单一。生产和生活的需要，使得各边疆少数民族都有与其他地区，特别是中原地区进行经济交流的迫切愿望。这种经济上的联系，形成了一种自然的凝聚力，驱使周边少数民族不断向中原发展。活跃在北方蒙古草原的许多民族，为打破游牧经济比较单一的限制，寻求生存发展，纷纷南迁来到中原地区，学会农耕，并过上定居生活。在南下过程中，有的北方游牧民族还曾建立过显赫的王朝，如鲜卑人建立的北魏，以及蒙古人建立的元朝等。南下和建立王朝的过程，也就是融入中原和汉化的过程。

中国的统一始终以中原地区为中心，以汉族为主体不断扩大和巩固，而汉族又在融合各民族的过程中得到发展。早在距今四五千年以前，生活在中原黄河流域的夏族、商族和周族（汉族的祖先），就吸收了生活在北方和东方的夷、羌、狄、苗和蛮等族的成分，演化成了华夏族，并建立了国家政权。秦、汉时期，华夏族吸收了更多其他民族的成分，形成了汉族。隋、唐前后，随着北方一些民族入主中原建立政权，各民族融合进一步发展，鲜卑、羯、氐、羌和匈奴等民族相继融入汉族。少数民族在语言、服饰、风俗习惯和民族心理等方面吸收汉族文化，汉族也吸收了胡服、胡食、胡乐、胡舞等少数民族文化。北魏孝文帝改革在中国历史上有重要影响。孝文帝通过发布命令，要求鲜卑族学汉语、穿汉服、改汉姓，鼓励与汉族通婚。清朝建立后，满族人大量进入中原地区，在其后不到 300 年的时间里，基本被汉化。

在中国古代完备的中央集权制度下，各朝代都建立了一套处理中央政权与地方少数民族政权关系的办法和措施，保证了多民族国家的团结统一。中国历代中央政权大都对少数民族地区采取"因俗而治"的政策，即在实现政治统一的前提下，保持民族地区原有的社会制度和文化形态。汉朝在今中国新疆地区设立的西域都护府，唐朝在这一地区设立的安西和北庭两大都护府，都只管理军政要务。清朝中央政权针对不同民族地区的特点采取了不同的治理措施：蒙古族地区实行盟旗制度；对西藏则派驻藏大臣，通过册封达赖和班禅两大活佛实行政教合一制度；在新疆维吾尔族最集中的地区实行伯克制度；对南方一些少数民族地区则实行土司制度。尽管在旧的社会制度下各民族之间不可能形成现代意义上的平等关系，民族间也不可避免地发生矛盾、冲突甚至战争，但是，中国历史上统一多民族国家的长期存在，极大地促进了各民族之间的政治、经济和文化交流，不断增进各民族对中央政权的向心力和认同感。

中国历史上虽然出现过短暂的割据局面和局部分裂，但统一始终是中国历史发展的主流。在长期的大统一历史过程中，经济、文化交往把中国各民族紧密地联系在一起，从而形成了相互依存、相互促进、共同发展的关系，创造和发展了中华文明。中国各民族相互依存的政治、经济、文化联系，使其在长期的历史发展中有着共同的命运和共同的利益，产生了强固的亲和力、凝聚力。

中华民族形成和发展的历史，也是中国各民族之间彼此交融的历史。在长期的历史发展过程中，各民族频繁迁徙，逐渐形成了大杂居、小聚居的分布格局。汉族作为中国人口最多的民族遍布全国。少数民族人口虽少，且主要居住在广大边疆地区，但在内地县级以上行政区域都有少数民族居住。这种你中有我、我中有你、相互依存的人口分布状况，有利于民族关系的和谐稳定和各民族的共同发展。

中国历史纪年表	
夏	约前 2070—前 1600
商	前 1600—前 1046
西周	前 1046—前 771
东周	前 770—前 256
秦	前 221—前 206
西汉	前 206—公元 25
东汉	25—220
三国（魏、蜀、吴）	220—280
西晋	265—317
东晋	317—420
南北朝	420—589
隋	581—618
唐	618—907
五代	907—960
北宋	960—1127
南宋	1127—1279
元	1206—1368
明	1368—1644
清	1616—1911
中华民国	1912—1949
中华人民共和国	1949 年 10 月 1 日成立

维护国家统一和反分裂斗争

中国各民族团结奋斗，共同捍卫了统一的多民族国家。特别是近代以来，中国曾沦为半殖民地半封建社会，中华民族遭受帝国主义侵略、压迫和欺凌，陷入被压迫民族的境地。为捍卫国家的统一和中华民族的尊严，各民族团结奋斗，共御外侮，与侵略者和民族分裂主义者进行了不屈不挠的斗争。19世纪，新疆各族人民协同清军消灭了阿古柏反动势力，挫败了英、俄侵略者企图分裂中国的阴谋。19世纪末和20世纪初，西藏军民在隆吐山、江孜两次战役中，重创英国侵略者。在中国人民反抗日本帝国主义侵略的14年抗战（1931—1945）中，各族人民同仇敌忾，浴血奋战，其中的回民支队、内蒙古抗日游击队等许多以少数民族为主的抗日力量为抗战的胜利所作的贡献为世人熟知。针对极少数民族分裂主义者在帝国主义侵略势力的扶持下，策划和制造"西藏独立"、新疆的"东突厥斯坦"、东北的伪"满洲国"等违背历史潮流和中华民族意志的分裂国家行径，各民族人民进行了坚决的斗争，维护了国家的统一。

我们可以从中国历代中央政权对西藏、新疆的统辖与治理，坚决维护国家统一和反对分裂的斗争中，深切体认中国统一的多民族国家的形成历史。

先来了解一下中央政权与西藏地方的关系。

西藏在中国的西南部。居住在这里的藏族先民，远在公元前就与生活在中原的汉族有联系。经过漫长的岁月，西藏高原上分散的众多部落逐渐统一起来，成为现在的藏族。到唐朝，藏汉双方通过王室间的联姻、会盟，在政治上形成了团结友好的亲谊关系，在经济和文化上建立了密切的联系，为最终建立统一的国家奠定了深厚的基础。在西藏自治区首府拉萨的布达拉宫，至今一直供奉着公元641年唐朝嫁给藏族吐蕃王的文成公主的塑像。大昭寺前的广场上还矗立着公元823年为双方会盟建立的"唐蕃会盟碑"。13世纪中叶，西藏正式归入中国元朝版图。自此之后，西藏一直处于中央政权的管辖之下。

1644年，清王朝取代了明王朝，进一步加强了对西藏的治理。清朝皇帝于1653年、1713年分别册封五世达赖喇嘛和五世班禅喇嘛，自此正式确定了达赖喇嘛和班禅额尔德尼的封号，以及他们在西藏的政治和宗教地位。达赖喇嘛在拉萨统治西藏的大部分地区，班禅额尔德尼在日喀则统治西藏的另一部分地区。1727年，清设驻藏大臣，代表中央监督西藏地方行政。从1727年始设驻藏大臣到清王朝覆灭的1911年，清中央政府先后派遣驻藏大臣达百余人。为了完善西藏行政机构的职能，清朝多次颁下"章程"，整顿改革旧的制度，建立新的制度。1793年，清朝颁布了《钦定藏内善后章程》，确定清政府掌握西藏各大活佛包括达赖喇嘛、班禅额尔德尼去世后转世灵童的大权。

1912年中华民国一经成立，即宣布它是合汉、满、蒙、回、藏等民族为一体的共和国。1912年1月1日，中华民国第一任临时大总统孙中山在就职宣言书中向全世界昭告："国家之本，在于人民，合汉、满、蒙、回、藏等诸地为一国，则合汉、满、蒙、回、藏诸族为一人，是曰民族之统一。"当时作为国旗的五色旗即象征五族为一体。同年3月，中华民国南京临时参议院颁布的民国第一部宪法《中华民国临时约法》明确规定，西藏是中华民国领土的一部分。中华民国期间，中央政府一如元、明、清三朝，实行对西藏地方的治理。1912年中央政府设立蒙藏事务局（1914年5月改为蒙藏院），取代清朝的理藩院，主管西藏地方事务，并任命了中央驻藏办事长官，例行清朝驻藏大臣职权。南京国民政府成立后，于1929年设立蒙藏委员会，主管藏族、蒙古族等少数民族地区行政事宜。1940年4月，国民政府在拉萨设立蒙藏委员会驻藏办事处，作为中央政府在西藏的常设机构。1933年12月，十三世达赖喇嘛圆寂，西藏地方政府依传统旧制向中央呈报。国民政府派专使入藏致祭，并批准热振活佛为摄政，代行达赖喇嘛职权。对于寻觅十三世达赖转世灵童应遵循的办法，西藏地方政府都按照历来的规定一一呈报中央政府。现在的十四世达赖出生于青海省，原名拉木登珠，在他两岁时被选为转世灵童之一。1939 年，经西藏地方政府呈报，中央政府指令青海省当局派军队把他护送至拉萨。1940 年，当时任中央政府首脑的蒋介石，经特派蒙藏委员会委员长吴忠信到拉萨察看后，同意西藏地方摄政热振关于免于金瓶掣签的申请，由国民政府主席正式颁布命令，批准拉木登珠为十四世达赖喇嘛。

　　1949 年 10 月 1 日，中华人民共和国成立，开启了中国历史的崭新时代。1951 年 5 月 23 日，中央人民政府与西藏地方政府签订《关于和平解放西藏办法的协议》，即《十七条协议》，正式宣告西藏和平解放。按照《十七条协议》，1951 年 10 月解放军入藏，1952 年成立西藏军区，担负起保卫国家边疆的任务。和平解放后，在中央政府的努力下，西藏结束了内部的长期混乱和纷争，初步打破了西藏社会长期封闭停滞的局面，西藏经济社会发展出现新气象，发生新变化。面对已经走到尽头的政教合一的封建农奴制，十四世达赖喇嘛和西藏上层反动集团不仅不思改革，还极力维护这一制度，他们担心改革不仅会使他们失去政教特权，还会失去巨大的经济利益。1959 年 3 月，西藏地方政府中的上层反动分子，违背历史潮流和西藏广大人民的意愿，公然撕毁《十七条协议》，发动全面武装叛乱。在这种情况下，中央政府果断决定解散西藏地方政府和彻底平息叛乱，同时坚决放手发动群众，实行民主改革。民主改革彻底废除了政教合一的封建农奴制，使西藏社会制度发生了根本性变化，实现了历史飞跃。通过改革，百万农奴翻身解放，获得了人身自由，成了新社会的主人。改革的全面完成，为在西藏建立社会主义制度打下了坚实基础。

　　再来了解一下中央政权与新疆地方的关系。

　　中国新疆维吾尔自治区地处中国西北，位于亚欧大陆腹地，与蒙古国、俄罗斯、哈萨克斯坦、吉尔吉斯斯坦、塔吉克斯坦、阿富汗、巴基斯坦、印度 8 个国家接壤，著名的"丝绸之路"在此将古代中国与世界联系起来，使其成为多种文明的荟萃之地。

自汉代开始，新疆地区正式成为中国版图的一部分。汉朝以后，历代中原王朝时强时弱，和西域的关系有疏有密，中央政权对新疆地区的管治时紧时松，但任何一个王朝都把西域视为故土，行使着对该地区的管辖权。西汉前期，中国北方游牧民族匈奴控制西域地区，并不断进犯中原地区。汉武帝即位后，采取一系列军事和政治措施反击匈奴：公元前138年、公元前119年，派遣张骞两次出使西域，联合月氏、乌孙等共同对付匈奴；公元前127年至公元前119年，3次出兵重创匈奴，并在内地通往西域的咽喉要道先后设立武威、张掖、酒泉、敦煌四郡；公元前101年，在轮台等地进行屯田，并设置地方官吏管理。公元前60年，控制东部天山北麓的匈奴日逐王降汉，西汉统一西域；同年，设西域都护府作为管理西域的军政机构。西域都护府的设立，标志着西汉开始在西域行使国家主权，新疆成为中国统一多民族国家的一个组成部分。东汉时在西域先设"西域都护"，后置"西域长史"，继续行使对天山南北各地的军政管辖。公元221年，三国（魏、蜀、吴）曹魏政权继承汉制，在西域设"戊己校尉"，治设高昌（吐鲁番），后又置西域长史以对西域各地诸多民族进行管理。西晋末年，前凉政权创建者张骏发兵西征，占领高昌地区，设立高昌郡。北魏王朝设置鄯善镇、焉耆镇，加强对西域的治理。

公元6世纪末，隋朝统一中原，隋炀帝即位之初，就派遣吏部侍郎裴矩到张掖、武威主管与西域的互市，了解西域民情。公元608年，隋军进驻伊吾，建筑城郭，设鄯善（今若羌）、且末（今且末西南）、伊吾（今哈密境内）三郡。公元7世纪初，唐朝代隋而兴。公元630年，原属西突厥的伊吾（今哈密）城主率所属七城归顺唐朝，唐朝设西伊州（后改称伊州）。公元640年，唐军击败随突厥反唐的高昌麴氏王朝（501—640），于该地置西州，又于可汗浮图城（今吉木萨尔）设庭州。630年，唐朝在高昌设安西都护府，这是唐朝在西域建立的第一个高级军政管理机构，后迁至库车，改置为安西大都护府。唐朝打败西突厥后，统一了西域各地，于公元 702 年在庭州设置北庭都护府，后又升为北庭大都护府，管理天山北麓及新疆东部地区的军政事务，而安西大都护府管理天山南部和葱岭以西的广大地区。唐玄宗年间，唐朝又在两大都护府之上设"碛西节度使"，是当时全国八大节度使之一。

隋唐后的五代宋辽金时期，因中原地区诸朝争夺统治权而无暇顾及西域，西域出现了几个地方政权并列的局面。其中主要有高昌、喀喇汗和于阗等地方政权，但它们同中原诸王朝都保持着密切关系。高昌与喀喇汗王朝都是公元 840 年漠北回鹘汗国覆灭后，由西迁西域的回鹘人会同其他操突厥语诸族建立的地方政权，前者以吐鲁番地区为中心，后者控制包括天山南部、中亚河中等广大地区。

回鹘人（今维吾尔族先人）落居西域及其建立的这些地方政权与中原王朝关系十分密切，喀喇汗王朝的统治者就自称"桃花石汗"，意即"中国之汗"，表示自己是属于中国的。1009 年，占领于阗地区的喀喇汗王朝派出使臣向北宋进献方物。1063 年，北宋册封喀喇汗王朝可汗为"归忠保顺鳞黑韩王"。北宋建立后第三年，高昌回鹘就派遣使者 42 人前往北宋进贡方物。

元、明、清时期，中央政权进一步强化对新疆的管辖。元朝时期成吉思汗完成对天山南北的政治统一。元朝建立后，在发展西域各地社会经济的同时，在吐鲁番地区设立提刑按察司，之后又在吐鲁番等地建立交钞提举司（印钞机构）和交钞库等机构，设置"别失八里元帅府"，以总管派往该地的"新附兵"（元朝以俘降的南宋士卒组成的军队）屯垦事务，派兵到和阗、且末等地屯田，在别失八里设立冶场"鼓铸农具"。1406 年，明朝设立了哈密卫，任用哈密当地的世族首领为各级官吏统辖当地军政事宜，维持中西商贸通道之安全，并对西域其他地区实施羁縻控制。

1757 年，清朝平定长期割据西北的准噶尔政权。两年后，清朝平定伊斯兰教白山派首领大、小和卓（大和卓波罗泥都、小和卓霍集占）叛乱，巩固了对西域各地的军政统辖。1762 年，清设立"伊犁将军"，统一行使对天山南北各地的军政管辖。清朝政府依据"因地制宜""因俗施治"的原则，对天山北部汉族、回族居住区实行郡县制管理；在伊犁地区和天山南部各地维吾尔族中维持当地的"伯克制"，但是伯克（突厥语音译，地方官吏称号）的任免权归于中央，并严格实行政教分离；对蒙古族和哈密、吐鲁番地区的维吾尔族则实行"扎萨克（蒙古语音译，意为支配者）制"，即册封王、贝子、公等世袭爵位。清朝政府在官员的任用方面还采取了以满族为主、各族官员并用的政策；经济方面，推行以农业为主，农牧并举的经济措施，减轻赋税，确定财政定额补贴制度等。清朝统治时期，新疆的社会经济得到了稳步的发展。

1840 年鸦片战争以后，新疆受到沙俄等列强的侵略。清政府平定准噶尔叛乱，中国西北国界得以确定。此后，清朝对新疆地区实行了更加系统的治理政策。1875 年，陕甘总督左宗棠就任钦差大臣，督办新疆事务。到 1877 年底，清军陆续收复了中亚浩罕汗国（费尔干纳）阿古柏侵占的天山南北诸地。1881 年 2 月，清政府收复被沙俄强行占领长达 11 年之久的伊犁。1884 年，清政府正式在新疆建省，并取"故土新归"之意，改称西域为"新疆"。

1911 年辛亥革命爆发后第二年，革命党人在伊犁策动起义成功，成立新伊大都督府，宣告了清朝在伊犁地区政治统治的结束。民国政府建立后，不断强化新疆防务，1912 年成为中华民国的一个行省。

1949 年，随着全国解放形势的发展和新疆各族人民革命斗争形势的高涨，国民党新疆警备司令陶峙岳、新疆省政府主席包尔汉宣布起义，中国人民解放军第一野战军第一兵团在王震将军率领下进驻新疆。1949 年 9 月 25 日，新疆和平解放。1949 年 10 月 1 日，新疆各族人民同全国人民一起，迎来了中华人民共和国的成立。

第三章 传统的思想与文化

　　尽管对中国这么一个庞大、古老而多样化的社会作出几点概括往往会产生误导作用，但对外国观察者来说，仍须牢记以下几点：首先，中国社会的基本单位是家庭而非个人、政府或教会。每个人的家庭都为他们提供了主要的经济支持、安全、教育、交际及娱乐活动。在儒家所说的五伦（君臣、父子、夫妇、兄弟、朋友）中，有三种属于亲属关系。中国的伦理体系并不指向上帝或国家，而是以家庭为其中心的。

　　……在中国，社会行为规范来自家庭制度本身蕴含的忠贞诚善等个人品德。法律是进行管理的必需工具；而个人道德却是社会的基础。中国社会远未因为法律观念淡薄而导致无政府状态，恰恰相反，它靠儒家思想紧密地结成一体。

　　　　　　——〔美〕费正清（John King Fairbank）《中国：传统与变迁》

儒家思想及其正统地位

中国传统思想文化，是指中国自身的整体价值观念和文化形态。中国传统思想文化自成体系，有着独特的精神。在漫长的历史发展中，虽然域外文化也渗透至中国，但未曾撼动中国固有的思想文化。相反，一些外来思想文化却因受中国传统思想文化的影响而发生变化。中国传统思想文化，决定着中华民族的精神和性格，影响着中国社会的发展。

中国古代的思想流派，通常被称为"诸子百家"，如孔子、孟子、老子、庄子，以及儒家、道家、法家、墨家等，而诸子百家又多产生于秦朝之前，所以又被称为"先秦诸子百家"。

中国传统思想文化常常被概括成儒、释、道三家，其中儒家处于主体地位。中国古代历朝历代治国理念、国家政治制度构建、社会道德规范，以及人们安身立命的标准，基本都以儒家思想文化为依据。儒家思想文化对中国社会影响深远，对东亚的朝鲜半岛和日本等国也产生了重要影响。

中国古代的"儒"字最初指举行仪式的主持者，后来演变成对具有知识的人的通称。古代的儒者，大体相当于今天的老师。

儒家是孔子（约前551—前479）开创的一个学派。孔子是鲁国（今山东曲阜一带）人，春秋末期思想家、政治家、教育家。孔子整理并编写了中国上古时期重要文献——"六经"，即《诗》《书》《礼》《乐》《易》《春秋》。孔子思想的精华主要体现在其弟子编写的他的言论

2019年9月28日，纪念孔子2570周年诞辰公祭大典在黑龙江哈尔滨文庙举行。

集《论语》中。"仁"与"礼"是孔子思想的核心内容。在孔子的思想体系中，"仁"表现了多方面的伦理道德价值，其核心是"爱人"，所谓"己欲立而立人，己欲达而达人"，"己所不欲，勿施于人"。孔子时期，中国社会正发生重大变革，周王室地位式微，诸侯国力量强大。孔子认为这是一个礼崩乐坏的时代，必须改变。为此，他特别强调要"克己复礼"，也就是要从每个人自己做起，遵守所属等级的礼仪规范，自觉地恢复礼。孔子认为，礼是规范人们行为的制度，能够调整人与人之间的关系，做到和谐有序，也就是"礼之用，和为贵"。

孔子是中国历史上第一个私人办学的教育家，被后人尊称为"孔夫子""至圣先师"。相传他有弟子3000人，其中的72位较为优秀。孔子的许多思想，是在回答弟子的问题时提出的。孔子留下了许多宝贵的教育思想，对后世影响深远。在今天的中国，人们还在不断使用孔子留下的许多劝学名言，如"学而不思则罔，思而不学则殆"，"三人行必有我师"，"学而时习之，不亦说乎"，等等。

稍晚于孔子并对儒家学说有重大贡献的思想家是孟子（约前385—前304）。孟子是战国时期思想家、政治家、教育家，其著作《孟子》是儒家重要经典。孟子一生推崇孔子，不遗余力地传播孔子思想，被后世尊称为"亚圣"，儒家学说因此而被称为"孔孟之道"。孟子发展了孔子思想，提出"仁政"理论。他认为统治者只有施行仁政，才能得到人民的拥护。"仁政"就是行"王道"，做到"以德服人"。他将天时、地利与人和相比较，得出的结论是，人和是统治者成败的决定因素，为此，他坚决反对暴政，反对以力服人。在人性问题上，孟子主张性善论，认为人性原本是善的，人生来都有最基本的共同的天赋本性。孟子的性善论对中国传统

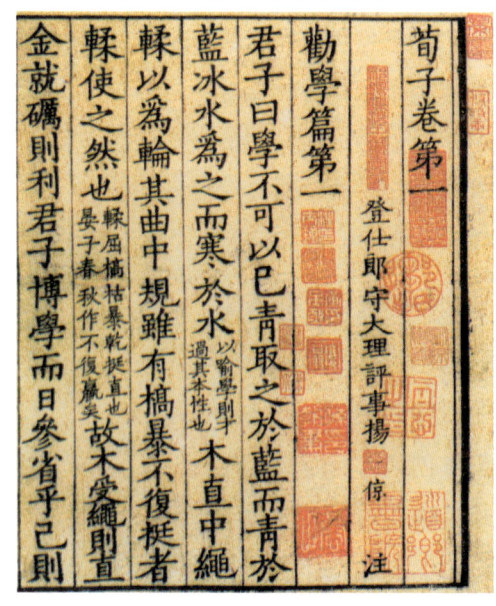

《荀子》书影

社会影响很大，中国古代著名启蒙课本《三字经》第一句话便是"人之初，性本善"。

几乎与孟子同时而对儒家学说作出了重大贡献的另一位思想家是荀子（约前318—前238），其思想集中在《荀子》一书中。荀子发展了孔子"礼"的思想。他认为，"人无礼则不生，事无礼则不成，国家无礼则不宁"，"礼"作为等级制度和社会规范，对于人生、社会和国家是不可或缺的。荀子还提出了著名的"舟水之喻"。他说："君者，舟也；庶人者，水也。水则载舟，水则覆舟。"在人性问题上，荀子反对孟子的性善论，主张性恶论。

儒家思想在秦朝之前已经形成，但没有得到统治者的支持。相反，秦始皇焚书坑儒，极大地摧残了儒学发展。汉武帝在位时（前140—前87），董仲舒提出"春秋大一统"和"罢黜百家，独尊儒术"，强调以儒家思想为国家的精神根本和道德规范，杜绝其他思想体系。汉武帝采纳了他的主张。汉武帝在位时国家大一统且十分强盛，而为长期维护这样的局面，就必须建立与之相适应的思想体系。董仲舒是一个对儒家思想及先秦诸子百家都有深刻领悟的儒者，于是，他以儒家学说为主体，吸收先秦道家、法家等有利于君主统治的思想成分，增加了"君权神授"和大一统的思想，使儒家思想成为有利于巩固王权和社会稳定的正统思想。从此，儒家思想成为正统思想，经学成为显学。

宋朝和明朝时期，儒家思想得到进一步发展。宋朝出现了"理学"，以二程（程颢、程颐）、朱熹为代表，强调天理，主张理高于一切。明朝出现了"心学"，以陆九渊、王阳明为代表，强调良心，认为心是万物的主宰。理学与心学是在当时新的历史背景下对先秦儒学的回复和创新，因而又被称为新儒学。这一思想把孔子、孟子提出的道德规范进一步和天道联系起来，对人的本质、人在宇宙中的地位、人与宇宙的关系进行了全面论证，并强调人对精神生活的追求和心灵境界的提升，从而丰富了儒家思想的伦理内涵。

福建武夷山朱熹园里的朱熹雕塑

道家思想和道教

在中国传统思想文化中，道家思想的地位和影响仅次于儒家思想。"道家"思想在先秦便出现了，但"道家"这一名称的出现则是在西汉初年，当时被称为"道德"学派，也称"道德家"，后简称"道家"。道家之所以得名，就在于它以"道"为其思想核心。在中国哲学史上，道家通过"道"的概念第一次探讨了万物的本原问题。

道家思想的奠定者是与孔子同时代的老子（约前600—前500）。他写了《老子》（《道德经》）一书，阐发自己的哲学思想。"道"是老子思想中最重要的概念。他认为，"道"是天地万物的本质，天地万物都从"道"中产生。在老子看来，"道"是一个混成之物，它自身包括"无"和"有"两个方面，是"无"与"有"的统一体，这两者可以相互转化。"天下万物生于有，有生于无"，"一生二，二生三，三生万物"，"以正治国，以奇用兵，以无事取天下"，这些都是老子留下的名言。老子把"无为"看作"道"的性质，"无为"就是顺应万物本来的情形。老子还提出了著名的"道法自然"命题，认为"道"顺从天地万物的"自然"。老子认为，"无为"与"自然"是密切关联的，用于国家政治生活，统治者"无为"，则百姓"自然"。

"黄老学派"是战国时期道家的主要流派。"黄"指传说中的中华民族祖先黄帝，"老"就是老子。所谓"黄老学派"就是以黄帝为依托、主要阐发老子思想的一个学派。黄老学派留下的主要文献有《黄帝内经》和《管子》，主要讨论社会政治问题，也涉及治身方面。黄老学派称"道"为"太虚"，并且以"气"来解释虚无的"道"，认为万物都依靠"精气"而产生，"精气"是人的生命与智慧的来源。黄老学派非常重视"因循"的观念，强调"道"因循万物之自然；从政治上讲，就是君主要因循臣民之自然，在治国时要保持内心的虚静，发挥臣民的作用。这一学派的思想在西汉初年被统治者采纳和接受，成为"无为而治"、休养生息政策的思想来源。

福建泉州老君岩老子像

庄子（约前 369—前 286）是先秦时期道家最有影响的思想家，如同孟子继承和发展了孔子思想，庄子则继承和发展了老子思想。后人常常把庄子与老子并列，合称为"老庄"。庄子的思想主要表现在《庄子》一书中。庄子思想的中心是追求人精神的自由。他认为人类生存最大的困境是丧失精神的自由，人创造了财富和文明，反过来又为财富和文明所控制，成为物的奴隶。在庄子看来，人要想摆脱这种困境，最根本的道路是要做到"无己"，也就是超越自我；达到"游心于道"的境界，即至美至乐的"天人合一"境界。

　　道家思想在魏晋时期得到复兴，形成了魏晋玄学。魏晋玄学以《老子》《庄子》和《周易》等著作为主要经典，通过对这些经典的重新解释，围绕"本末有无"等问题建立起"新道家"思想体系。老子哲学是探讨宇宙深远、深奥的学问，而"玄"字的含义正是表示深远、深奥，可以用来形容宇宙本原的"道"，所以当时的人们就把发挥老子道家思想的学说称为"玄学"。魏晋玄学所讨论的问题很多，从根本上说，是要解决道家的宇宙论哲学与儒家的名教之治（名分等级之教，即礼教）的关系问题，也就是儒道两大学说的关系问题。

　　在道家思想影响之下，公元 3 世纪时产生了中国本土的宗教——道教。道教以《老子》作为表达教义的基本经典，视老子为教主。道教以追求长生不死的信仰为核心，综合了不同地方的信仰和养生方术，利用道家思想，特别是"气"的学说（用"气"说明世间一切有生命活动的存在），同时吸收了佛教和儒家思想的一些成分，形成一个内容丰富的庞大宗教思想体系。现知最早的道教组织是东汉末年的太平道和五斗米道，它们起初与官方对立，后经改造，逐渐放弃了与官方对立的立场，成为官方宗教。特别是随着佛教的传入，统治者为增强本土文化的吸引力，实行崇道政策，道教在东晋以后的 1000 多年时间得到官方支持，传播和发展较快，到宋代时在中国南北形成了许多不同流派，其中以正一、全真两大宗派最有影响。明朝中期以后，官

河南洛阳道教圣地老君山

方不再实行崇道政策，道教地位开始下降。

　　道家思想对中国美学、文学、艺术的发展产生了重大影响。道家关于"虚实结合"的理论成为中国古典美学的一条重要原则，对中国古代诗词、绘画产生了重要影响。

　　不难看出，儒家与道家的思想和学说差异很大。中国现代著名作家、学者、翻译家、语言学家林语堂说，儒家是中国人的都市哲学，道家是中国人的乡村哲学。这话在一定程度上道出了中国传统两大思想流派的特征。还有人说，儒家是"入世"的哲学，道家是"出世"的哲学。这话在一定程度上也反映了古代中国思想家们的两种不同价值观。

2017 年 6 月，市民在上海外滩练习太极。

法家思想及其践行

以当代的眼光看，中国古代的法家就是研究国家治理方式的一个学派。法家提倡法制，主张富国强兵，是先秦诸子百家中一个重要思想学派，对后世影响很大。

法家思想源头可上溯至春秋时的管仲（？—前645），在时间上早于儒家、道家。战国时李悝（前455—前395）、吴起（前440—前381）、商鞅（约前395—前338）等人予以大力发展，遂成为一个学派。战国末韩非（约前280—前233）对他们的学说加以总结、综合，集法家之大成。法家提出了一整套理论，并进行了实践，为秦建立中央集权提供了有效的理论依据。汉承秦制，中国古代的封建政治体制以及法律体制基本上是依据法家的思想而建立的。

战国是一个大变革的时代。铁制工具的普及大大提高了生产效率，使个体家庭得以成为基本的生产单位。战国时期法家先贤李悝、吴起、商鞅等相继在各国变法，他们通过废除贵族世袭特权，使平民通过开垦荒地、获得军功等渠道成为新的土地所有者。这种使平民有了上升机会的做法，等于从根本上瓦解了周朝的等级制度，动摇了靠血缘纽带维系的贵族政体。平民的政治代言人是法家，法家的政治口号是"缘法而治"，"不别亲疏，不殊贵贱，一断于法"，"君臣上下贵贱皆从法"，"法不阿贵，绳不挠曲"，"刑过不避大臣，赏善不遗匹夫"。

法家的代表人物是一批主张"变法"的政治改革家和思想家。他们顺应了历史发展的潮流，极力辅佐一些国君进行社会政治、经济改革，为维护地主阶级统治提供了理论、原则和方法。法家学派在政治上、理论上，一般说来都是主张变法革新，要求加强君权，提倡以"法治"代替"礼治"，积极发展封建经济，鼓励"耕战"，力求做到"富国强兵"。在文化教育领域里，法家也提出了许多有别于其他学派的教育理论和政策。商鞅反对儒家以"礼、乐、诗、书"教育学生，反对向学生灌输"仁""义""礼""智"等道德准则。他认为"儒学"不过是一些"高言伪议"，不切实际的"浮学"。为了培养"耕战之士"和厉行"法治"的人才，商鞅主张学习法令和对耕战有用的实际知识。为了使秦国富强，商鞅把农战作为治国之要。他奖励农战，主张加强农战教育。他说："吾教令：民之欲利者，非耕不得；避害者，非战不免。"

但是，法家也有其不足的地方，如极力夸大法律的作用，强调"以刑去刑"，以及不重视道德的作用，等等。他们认为人的本性都是追求利益的，没有什么道德的标准可言，所以，就要用利益、荣誉来诱导人民去做。比如战争，如果立下战功就给予很高的赏赐，包括官职，就能够以此来激励士兵与将领奋勇作战。这就引发了一个问题，即一个君王，如果他能给予官员及百姓利益，官员和百姓就会拥戴和支持他，同时这个君王还擅长"术"的话，那么这个国家就很有可能强盛；

但如果这个君王不具备以上的任何一条的话，这个国家就很可能走向衰落，甚至是灭亡。所以，法家理论的一个很大的不足在于过度依赖君王个人的能力。

中国古代法家思想的一次最为成功的实践，当首推商鞅变法。商鞅变法是指战国时期商鞅在秦国进行的两次政治改革。秦国的秦孝公即位以后，决心图强改革，便下令招贤。商鞅自魏国入秦，并提出了废井田、重农桑、奖军功、实行统一度量衡和建立县制等一整套变法求新的发展策略，深得秦孝公的信任。秦孝公任他为左庶长，开始变法。商鞅变法主要内容有：一是承认土地私有，允许自由买卖，这就从法律上维护了封建土地私有制，有利于地主经济的发展；二是奖励耕战，包括奖励耕织和奖励军功两方面；三是建立县制，由国君直接派官吏治理。秦国通过商鞅变法，确立了新的封建制度，促进了经济发展，增强了军队战斗力，使秦国很快成为战国七雄中最富强的国家，为统一全国奠定了基础。

法家在法理学方面作出了许多贡献，特别是对法律的起源、本质、作用以及法律同社会经济、时代要求、国家政权、伦理道德、风俗习惯、自然环境以及人口、人性的关系等基本的问题都作了探讨，形成了比较完备的法律思想体系。这些不仅对当代中国法律的诞生产生了重要影响，对今后的法治中国建设也有积极意义。

佛教的传入及其中国化

佛教最初产生于公元前 6 世纪印度的恒河流域，西汉末年经中亚传入中国。佛教进入中国后，逐步渗透到中国社会生活之中，与中国文化相结合，其内容得到进一步丰富，成为中国文化的重要组成部分。

关于佛教传入中国，历史上有这样的记载：东汉明帝（58—76 年在位）时，有一天晚上明帝做了一个梦，梦见在西方有一个金色的人。

第二天早晨起来，他问大臣们这个梦是怎么回事，其中一个大臣告诉他，听说西方有佛，您一定是梦见佛了。明帝立刻派使臣到西方去迎请佛，后来使臣果然带来两个中亚僧人和一批佛教典籍。明帝在首都洛阳专门为两位僧人建了寺庙。

中国佛教的发展有一个十分突出的特点，就是非常重视佛教经典的翻译工作。最初佛教经典的翻译工作主要由中亚、南亚国家来华的僧人完成，但翻译水平并不能使人满意，于是出现了中国僧人去中亚、南亚国家取经的现象。他们当中最杰出的代表，就是唐朝的玄奘（602—664）。玄奘13岁出家为僧，在多年的研究和讲经过程中，他深感因各家说法不一而难以贯通佛家经典，于是下定决心要去印度求法。在经历千辛万苦到达印度后，玄奘潜心研究各种佛教经典，其学识受到佛教界的尊重和推崇。玄奘学成回国后，拒绝了唐太宗要他还俗从政的请求，集中精力翻译从印度带回的大量佛教经典，对佛学的发展作出重大贡献。

2019 年 1 月 25 日，大型民族器乐剧《玄奘西行》在美国肯尼迪表演艺术中心上演。

2021年8月1日，中国佛教协会副会长班禅额尔德尼·确吉杰布在拉萨大昭寺礼佛。

　　中国人接受印度佛教思想经历了一个认识上逐渐深入的过程，但基本态度不是全盘拿来，而是为我所用。中国人接受的佛教思想，以大乘佛教（公元1世纪形成于印度，倡导慈悲一切众生，力主以功德回向他人）为主。佛教在中国传播和发展的过程中，与中国社会的关系以调和、融合为主，努力与中国社会相适应，实现佛教中国化。在这一过程中，出现了许多中国佛教宗派。特别是在6—10世纪的隋唐时期，随着社会经济的繁荣，佛教在中国也得到了空前发展，逐步形成了三论、天台、法相、华严、律、禅、净土等几个大的佛教宗派。

　　佛教虽然最初是一种外来文化，但经本土化后，对中国文化的发展产生了十分广泛的影响。佛教对中国音韵、语言、文字学的发展都产生了重要影响。汉语拼音的使用最早就是受拼音文字梵文的启发。许多佛教名词经翻译进入汉语，如"自由""平等""世界""众生""境界"等，丰富了汉语言词汇。"天下名山僧占多"，佛教还在中国创造了庙宇文化。时至今日，每到相关节日，各地庙宇人头攒动，成为一种特殊的大众文化现象。佛教关于空、境、灵等的思想，特别是禅宗理论，对中国的文学、艺术、建筑等都产生了重要影响。佛教还对儒家、道家思想的发展起到促进作用。佛教中的慈悲为怀、乐善好施、去恶从善等精神，影响着中国人的为人和行事。

传统思想文化的基本精神

美国学者菲利普·李·拉尔夫等在所著《世界文明史》（商务印书馆1998年第1版）一书中认为："当希腊人正在探讨物质世界的性质，印度思想家在思考灵魂和神的关系时，中国的圣人正试图去发现人类生活的基础和贤明政治的根本原则。"

中国的传统思想文化历史悠久、形态完整、兼收并蓄、内容丰富、风格独特。作为人类重要的精神财富，中国传统思想文化有其独特的精神内涵。

——提倡以人为本。中国是人文思想产生最早的国家。中国古代思想家大多主张通过人文教化，建立起一个有道德、有秩序的文明社会。中国传统文化认为，如果说天地是万物的母亲，那么人就是万物之中最有灵性或最重要的。荀子说："水火有气而无生，草木有生而无知，禽兽有知而无义，人有气有生有知，亦且有义，故最为天下贵也。""仁"是孔子思想的核心，他认为，"仁者，爱人"，即仁就是爱他人。当孔子的一个弟子问他如何才叫做有智慧、有知识时，孔子告诉他：有智慧的人应该"务民之义"，就是把老百姓的事放在第一位。中国很早就有"民为邦本，本固邦宁"的说法。孟子更是提出"民为贵，社稷次之，君为轻"的思想，发展了儒家的"人本主义"思想。

——主张天人合一。"天"在中国传统文化中有特殊的地位。中国传统文化中的"天"，既指自然之天，也指天命之天。自然之天，

2016 年 3 月 25 日，江西省婺源县溪头龙尾小学学生在油菜花海中诵读国学经典。

就是以天地为万物之本。天命之天，是一种主观想象的如同自然之天一样不可抗拒的意志。中国传统文化主张的"天人合一"，是一种自然观和对自然的态度，即人与天地万物为一体。"天人合一"思想认为，天与人虽然是对立体，但从根本上说是天主导人，而不是人主导天。天是最高、最神圣不可侵犯的客观存在，天的势力大于人的势力，天的意志决定人的意志，因此，人要顺从自然之天，这样就能使人与天协调统一起来。道家思想的一个鲜明特点就是强调人要顺其自然地做事，依照万物的本性去发展，而不能够随意去改变它。儒家思想也主张做事要因循自然。

　　——推崇以和为贵。"和"是中国文化的内在精神，集中体现在"和为贵""和而不同"与"仁和"等理念之中。儒家创始人孔子说："礼之用，和为贵。"就是说，一切事情都要以"和"为出发点和归宿。"和"为什么这样重要呢？在中国古代思想家看来，世间一切事物都由"和"产生和发展，也就是"和实生物"，这样世间才能安宁、繁荣。同时，中国传统文化又特别强调"和而不同"，一方面把"和"作为最高的价值追求，但同时又不能以"同"来取代"和"，要承认差别和多样性，尊重、理解他者，相互包容。因此，"和"的达成只能通过平等协商和对话合作来逐步实现。中国传统文化还非常重视和平的实现与道德修养之间的内在统一，也就是"仁和"思想。中国古代的思想家认为，要防止人们因为欲望得不到满足而发动战争，必须"制礼义以分之"。为此，就要行"仁爱"，通过仁义道德的教化，使人人成为"仁者"，而"仁者"是"无敌"的，这便是由"仁"而"和"的和平之路。

——奉行中庸之道。古代印度有"中道"思想，古代希腊有"适中"思想，而古代中国则有"中庸"思想。这也恰恰说明了文明之间有共性，是相通的。"中庸"是中国历史上儒家思想中的道德标准与处事原则。"中"，就是中道，所谓中道就是不偏，不偏就是不走极端。中道即人道，人道即仁道，仁道是符合人性的，谁都不该违反，谁都应该照着做，而且应该一直做下去。"庸者，常也。""庸"，就是"常"，所谓"常"，即常有常存。儒家经典著作认为，"中庸之为德也"，"中和可常行之道"，也就是待人接物保持中正平和，才真正符合人道，才能够成为一个有道德的人。天在上，地在下，人居于其中。天道、地道都是人做不到的。所谓"中庸"，就是行人道，把仁一直做下去。不行仁，就是不仁；做了一半，就是中道而废。

——强调入世精神。在中国传统文化中居主导地位的儒家文化，要求人们关注现实，关注内在的道德修养。当孔子的弟子问孔子怎样看待和处理鬼神这样的事时，孔子严厉地批评他说，"未能事人，焉能事鬼"，就是说你人间的事情都做不好，怎么还要问怎样去与鬼神打交道呢？因此，孔子只谈今生今世事，不谈鬼神和来生来世事，并明确表示"敬鬼神而远之"。入世便要做到"内圣外王"，即通过内在的道德修养的不断提高来实现经世致用。每个人只要从内心做起，从身边的事情做起，从日常事件和现实生活做起，就可以由小到大，由平凡之事入手来成就伟大功业。这一过程首先是正心、诚意，然后是格物、致知，继而修身、齐家，最后是治国、平天下。北宋哲学家张载的著名"横渠四句"——"为天地立心，为生民立命，为往圣继绝学，为万世开太平"，是中国传统文化入世精神的最鲜明表达，成为千百年来中国读书人的座右铭。

　　——追求大同世界。所谓大同世界，是古代思想家们设计的乌托邦式社会图景。大同世界是什么样呢？孔子认为大同世界是一个行大道的天下为公的世界。老子也设计了一个人人都能"甘其食，美其服，安其居，乐其俗"的理想社会。在大同世界中，生产资料共有，人们之间没有等级差别和压迫剥削，平等和睦相处，各有所得所乐。受大同思想的影响，中国历史上发生的许多农民起义，都在不同程度

孙中山墨迹《博爱》《天下为公》

上提出建立"等贵贱、均贫富"社会的主张。中国近代变法领袖康有为（1858—1927）所著的《大同书》，把"天下为公，无有阶级，一切平等，既无专制之君主，又无民选之总统"作为他的"大同世界"。中国民主革命的先行者孙中山（1866—1925）也把"天下为公"作为自己的政治追求。中国传统文化中的大同思想，其历史局限性十分明显，但其所反映的"天下为公"和自由、平等、博爱等朴素精神，正反映了人类对未来美好社会的憧憬。

作为农业文明在观念形态上的表现，中国的传统文化既积累了许多有价值的创造，也存在一些局限、缺陷，甚至是糟粕。中国传统文化存在的缺失主要有：缺少民主精神，推崇人治；宣扬等级制度，重男轻女；突出集体主义，忽视个体价值；追求平均主义，创造性不足；等等。

传统思想文化背景下的社会

与农业文明相适应，传统思想文化背景下的中国社会是宗法性质的社会，以家族为单位，实行"家国"一体。"国家"这一概念在传统中国文化中很少使用，经常被"天下""社稷"（由对土神和谷神的祭祀演变而来）一类概念所替代。在中国传统文化中，没有家便没有国，家既是生活单位，又是生产单位。同时，家不只是一家一户的家庭，还要扩大到整个血缘家族。一个家族中以父亲为主轴，父的父是祖父，父的兄是伯，父的弟是叔，父的姐妹是姑；父亲的兄弟姐妹生的孩子，构成堂兄弟、堂姐妹系列。在母亲方面，母的父是外祖父，母的兄弟是舅，母的姐妹是姨；母亲的兄弟姐妹生的孩子，构成表兄弟、表姐妹系列。在分别亲族时，男性一系的亲人，也就是父亲这边的是"内"，而女性一系的亲人，也就是母亲这边的亲人是"外"。上述父母两大系的衍生、繁衍，就出现了一个十分庞大的族群，而且随着人口的增加而不断增大。

古代中国社会基层，就是按照上述这种男女有别、长幼有序的原则，建立了以家庭、家族、宗族为组织单位的乡村共同体。这样的家庭、家族、宗族常常居住在一个共同的区域，拥有一个共同的祖先，有共同的祠堂和宗谱。在一个家族里，有知识、有文化的人，特别是中过科举的人，或年龄与辈分较长的人，通常比较有威信。家族由德高望重者任族长，负责对家族进行治理，决定家族的各项事务，包括组织祭祖活动等，并依照族规、家法，对违背家族规定者进行处罚。以家族为单位的基层社会组织，对古代中国社会秩序构建和制度稳定起到了重大作用。这是古代东方社会与西方社会的最大不同之处。

传统文化背景下的中国社会十分注重道德的教化作用。道德规范成为社会的规章，每个人都受道德约束。儒家思想构成中国传统文化的核心价值，提供了传统中国社会的一系列道德规范，其中最主要的

2015 年 2 月 17 日，浙江省武义县新宅镇安凤村一家人四世同堂，喜迎新春。

福建省福安市溪潭镇廉村被喻为"开闽进士第一村"，唐宋时期出过30
多名进士。

是"三纲五伦"。"三纲"是指"君为臣纲、父为子纲、夫为妇纲"，
也就是臣要服从君、子要服从父、妇要服从夫。"五伦"是指君臣、
父子、夫妇、长幼、朋友五对社会成员的关系，要求人们做到"君臣
有义、父子有亲、夫妇有别、长幼有序、朋友有信"。违背了这些道
德规范，就是不忠、不孝、不义、不爱、不信，为社会所不接受。中
国古代社会基本以上述儒家道德思想为依归，规范维持着社会秩序。

要做到以道德立国，最重要的是要使每个社会成员成为一个有道
德的人，这就涉及提高人们的内在道德修养问题。中国传统文化讲一
个人成功，就是能够立德、立言、立功，首先是培养自己的品德，然
后是通过言论影响别人，最后是做出成绩。要成为有道德的人，就要
做到"博学之，审问之，慎思之，明辨之，笃行之"，也就是要多收
集资料，直接去考察，慎重地思考，辨析清是非，坚定地落实。

在传统思想文化影响下，宗教在古代中国社会并不发达。在中国

历史上，宗教从未居于社会主导地位，没有发生教权与皇权之争，更没有发生宗教改革或宗教战争，这也是古代中国社会与西方社会的不同之处。中国没有产生《圣经》《古兰经》那样全面系统论述宗教思想并广泛传播的著作，也没有产生耶稣那样的传教布道者。

作为中国传统文化主体的儒家文化，宣扬的是一种入世学说，主要探讨人际伦理关系，未涉及宗教信仰问题。而儒家思想又被历代统治者奉为正统，这就制约了宗教在中国的发展。中国传统文化另一重要组成部分道家文化，虽然发展成道教，但道教注重的是对自然法则的探讨，在于修养心性，与基督教信仰上帝有很大区别。佛教经中国化之后演变为禅宗，宗教意味已大为减弱，特别是世俗化的佛教，随意性很强。中国有"杀身成仁，立地成佛"的说法，生动地说明了成为佛教徒并不是一件难事。时至今日，如果你到中国的寺庙去，经常可以看到有许多人在那里烧香拜佛。实际上这些人大多数并不是佛教

2017年3月28日，江西省玉山县仙岩镇官溪村村民在胡氏宗祠表演古装戏，吸引了众多群众和游客观看。

2021 年 3 月 16 日，游客在北京雍和宫大殿前烧香祈福。

徒，而是通过这种形式来祈求平安、驱灾避祸。在传统中国文化中，天是最大的神，但人们对天是崇拜而不是信仰。中国的先民很早就有图腾崇拜活动，如对龙的崇拜，但这种崇拜只是表达了对自然力的一种敬畏，也不是宗教信仰。中国人有祭祖的传统，一年之中有多个节日是用来纪念祖先的，但这些只是表示对祖宗的怀念、感谢和崇拜，并不是宗教活动。

　　传统思想文化背景下的中国社会还有许多特殊的现象值得关注。如传统的中国社会是一个"男尊女卑"的社会，女人要裹小脚，同时实行妻妾制度，男人可以娶妾，有地位、有权势的甚至可以娶多房妻妾。再如基层乡绅制度。乡绅虽不是政府官员，但与政府有着特殊关系。他们深受儒家文化熏陶，利用自己的文化知识和社会影响，变相为政府服务并获取利益；反过来，政府又通过他们有效地实施对基层的治理。又如在皇宫内实行阉官制度，由太监掌管宫内事务，等等。

传统思想文化与民族性格

在漫长的历史发展过程中，作为观念形态的中国传统思想文化，注入中华民族血液之中，深深影响着中华民族性格的形成。

中华民族是个韧性十足的民族。"天行健，君子以自强不息。"这句话是中国传统文化对有识之士的鞭策，意思是说有作为的人应该效仿大自然生生不息的精神，奋发有为，积极进取，永不停步。孟子将自强不息并且能够忍受艰难困苦看作成功的必由之路。他说："天将降大任于斯人也，必先苦其心志，劳其筋骨，饿其体肤，空乏其身……"几千年的历史证明，中华民族不管是遇到自然灾害，还是内忧外患，从不向苦难低头，始终顽强抗争，百折不挠。

中国传统文化强调有容乃大，中华民族具有极强的包容性。中国传统文化的指向总的来说是"和合""中和"，主张通过合作化解矛盾和分歧，不主张攻击和侵略，反对战争。这种包容性既体现为对其他民族的接纳，也体现为对其他民族优秀文化成果的吸收。历史上曾多次发生周边民族进入中原的情况，但最终这些民族的文化都被中原文化所同化，成为中华民族文化的一个重要组成部分。中国人修身讲究"心平气和"，治家讲究"家和万事兴"，治国讲究"和睦兴邦"，发展对外关系讲究"协和万众"。在处理人与人、家与家、国与国的关系时，注重寻求利益共同点，求同存异，相互包容，共同发展。

中国很早便有"克勤于邦，克俭于家"的古训。"勤"是指对所从事的事业要用心去做，竭力而为，不怠慢、不厌倦。"俭"是指珍惜物质财富，合理使用，不奢侈，不浪费。中国文化要求人们做事要珍惜时间，持之以恒，坚持到底。在古代社会，由于劳动生产率较低，劳动成果来之不易，人们只有勤俭才能生存下去，因此，中国的先民很早便以俭为善，以奢为恶。中国历史上流传着许多关于勤俭的名言警句，并一直沿用到今天，如"历览前贤国与家，成由勤俭败由奢"，

清华大学南门的校训：自强不息，厚德载物

"成家之道，曰俭与勤"。崇尚勤俭，通过劳动和节俭积累社会财富，是一种最为朴素的兴国兴家美德。

中国文化讲究"积善成德"，主张多做好事，并认为好事做多了就可以达到一个很高的境界。中国佛教虽然主张出世，但也包含着积极的入世精神。佛教提倡慈悲济世的情怀，既帮助人们解除现实世界的种种痛苦，还努力协调人与人、人与众生、人与自然之间的关系，缓解各种矛盾和问题，鼓励人们努力向上。中国人的品格中经常表现出去恶从善的特征。中国民间至今流行这样的警句："善有善报、恶有恶报"，"勿以恶小而为之，勿以善小而不为"，"积善之家必有余庆，积恶之家必有余殃"，等等。与善良相统一，中国文化还特别强调宽容，主张"宽大为怀"、捐弃前嫌，反对积怨结仇、互相敌视。中国文化中还有乐善好施、同情弱者的优良传统。中国人经常说的一句话是"一方有难，八方支援"，主张通过团结、友爱、互助，使有困难的人渡过难关。

四川省眉山市彭山区观音街道果园村的李利红因车祸失去右腿。在当地政府的帮扶下，她流转承包了70亩土地，办起了家庭农场，用自己勤劳的双手创造幸福生活。

　　儒家文化本身是一种入世的文化，主张积极参与社会活动，做到经世致用。儒家文化尊重现实，面对现实，对生活怀着积极乐观的态度，反对悲观和气馁。在儒家文化影响下，中国人历来重视实际，讲究实用，追求事功，反对华而不实，反对清谈玄想。在普通中国人心目中，人活着不是要做出什么了不起的事情来，而是要直面现实，不逃避现实问题，积极进取。儒家文化强调学习不是简单的知识积累，而是为己之学，通过学习来提升自己的修养，以使自己在社会生活中有所作为。

受传统文化影响，中国人做事情讲究"中庸之道"，就是做事情要适度，超过一定的度，反倒不能达到目的。中庸不是调和，而是要恰如其分。如饮食一样，吃得太饱会撑得难受，吃不饱饿着也不行，要恰到好处。又如一个人穿鞋，鞋大了或小了走起路来都不方便，要适合脚的大小。中国文化有盈极则亏、物极必反的思想，说的就是不要把事情做过了头，否则事情就会朝着相反的方向发展。

中国人的生活态度是积极乐观的，但同时又充满了忧患意识。孟子说："生于忧患，死于安乐。"在不同历史时代，仁人志士有不同的忧患，或忧君国之衰败，或忧民族之危亡，或忧黎民之困苦，使忧患意识成为中华民族的品格。中国历史上留下了许多体现忧患意识的名言，"先天下之忧而忧，后天下之乐而乐"，"生年不满百，常怀千岁忧"，"天下兴亡，匹夫有责"，"家事、国事、天下事，事事关心"，"位卑未肯忘忧国"，"身无半文，心忧天下"，等等，激

2021 年 4 月 23 日，贵州省黔西南布依族苗族自治州晴隆县的三宝儿童图书馆正式开馆，为当地易地扶贫搬迁安置点的儿童提供了一个可以了解世界、学习知识的地方。

励国人达到"乐以天下，忧以天下"的博大而崇高的境界。

传统文化对中华民族性格的塑造也存在一些负面的影响。由于过分关注现实，理想主义成分相对少些；中庸思想带来了自给自足的心理，安于现状，缺少探索冒险精神；存在一定的自大心理，封闭保守；墨守成规，遇事总是"往回看"，不善于超越前人；等等。

古代中外文化的交流

受高山、大漠、高原、海洋等地理环境的限制，古代中国与外部世界的交流并不顺畅，但这并不意味着古代中国与外部世界缺少交往。高度发达的中国古代文化曾深深地影响了外部世界的文明进程，同时，在其漫长的历史发展中也融合了外部文化，特别是中亚、南亚文化。

"丝绸之路"，简称"丝路"，是古代中国通向世界的贸易之路，也是文化之路和文明之路。

丝绸之路是古代中国与外部世界进行交流的主要通道。古代的丝绸之路分陆上和海上两条。陆上丝绸之路起源于西汉汉武帝派张骞出使西域开辟的以首都长安（今西安）为起点，经甘肃、新疆，到中亚、西亚，并连接地中海各国的陆上通道。陆上丝绸之路的开通原本是为通过这条路联合当时生活在西域地区的一些民族共同抗衡北方草原上的匈奴政权。东汉时期丝绸之路的起点在洛阳。通过丝绸之路，中国与中亚、西亚国家开始了政治、经济、文化、军事等方面的交往。从两汉到明代，也就是从公元前3世纪末至公元17世纪，丝绸之路一直承担着中国与欧亚一些国家发展关系的任务。丝绸之路是古代东西文明的交流之路，对东西方文明发展影响重大，时至今日，仍在发挥作用。

历史上，跋涉在丝绸之路上的主要是从事贸易活动的商人，其早期活动以贩运中国产的丝绸为主，"丝绸之路"由此得名。当时，中

唐时各国使节在长安

国的丝绸在中亚、南亚和欧洲等地很有名气。罗马作家培利埃该提斯说："中国人制造的名贵彩色丝绸，就像田野里盛开的美丽的花朵，它的纤细简直可以和蜘蛛织的网相媲美。"中国的茶、香料、瓷器、漆器、铁器、药材等物产，天文、医学、音乐、建筑等各个领域的知识，特别是造纸、印刷和火药技术，也通过丝绸之路运往或传到中亚及其以西的地区，深刻影响了人类文明进程。与此同时，丝绸之路也将中亚以西的文明传入中国，特别是宗教和艺术，影响了中国文化的发展。佛教就是通过丝绸之路传入中国的，并很好地与中国文化结合起来，实现了本土化。伊斯兰教等宗教也通过丝绸之路传入中国西北地区，对当地社会发展产生重大影响。中亚以西地区的杂技、戏剧、音乐、舞蹈，通过丝绸之路传入中国，对传统中国艺术的发展起到推动作用。

丝绸之路在公元 7 世纪至 10 世纪的唐代时最为繁荣，当时中外交流频繁，中亚以西许多国家的使节通过丝绸之路来到中国唐朝首都长安。

1877 年，德国地质地理学家李希霍芬在其著作《中国》一书中，把"从公元前 114 年至公元 127 年间，中国与中亚、中国与印度间以丝绸贸易为媒介的这条西域交通道路"命名为"丝绸之路"，这一名词很快被学术界和大众所接受，并正式运用。

"海上丝绸之路"是古代中国与外国交通贸易和文化交往的海上通道，该路主要以南海为中心，所以又称南海丝绸之路。海上丝绸之路形成于秦汉时期，发展于三国至隋朝时期，繁荣于唐、宋、元、明时期，是已知的最为古老的海上航线。

2014 年 6 月 22 日，中、哈、吉三国联合申报的陆上丝绸之路的东段"丝绸之路：长安－天山廊道的路网"成功申报为世界文化遗产，成为首例跨国合作而成功申遗的项目。2013 年 9 月，中国国家主席习近平提出建设"新丝绸之路经济带"战略构想，此后又提出建设"21 世纪海上丝绸之路"，这便是"一带一路"倡议。2015 年 3 月 28 日，国家发展改革委、外交部、商务部联合发布了《推动共建丝绸之路经济带和 21 世纪海上丝绸之路的愿景与行动》。古老的丝绸之路又重新焕发勃勃生机。

谈到古代东西方文明交流，不能不提基督教的传入及其对中外文化交流的影响。

早在唐代时，就有景教（基督教中的聂斯托利派）通过丝绸之路传入中国，此后景教在中国的发展时起时落，没有形成大的规模。孟特高维诺是罗马天主教在中国传教的第一人。他于 1293 年在福建泉州登陆，1294 年抵达元朝首都大都（今天的北京），开始传教，此后在中国生活了 30 多年。明清之际，耶稣会士通过海上来到中国，试图进入中国内地传教。1557 年，葡萄牙强租了中国的澳门，使澳门成为天主教在东方传教的重要据点。1583 年，意大利耶稣会士利玛窦（Matteo Ricci，1552—1610）进入中国南方广东传教。他试图使天主教中国化，调和天主教与中国文化的内在矛盾而使中国人接受天主教。他甚至穿上中国佛教徒的服装，以为这样就可以与中国文化融为一体。他以西方科学作为传教的工具，并努力学习中国的儒家文化，通过撰写中文著作，宣讲西方伦理和基督教义。1600年，利玛窦因向明朝万历

利玛窦在中国时的画像

皇帝进贡自鸣钟而获准留居北京，其间他广泛结交士大夫，争取其同情。经过多年在中国的传教活动，到1610年他在北京病逝时，全中国约有天主教徒2500人。早期传教士在向中国传播西学方面发挥了很大作用，他们与中国的一些士大夫一起翻译了大量西方科技书籍。利玛窦在中国传教28年，除翻译了大量与天主教有关的著作外，他与徐光启等中国人一起，将欧几里得的《几何原理》等西方自然科学名著翻译成中文，并将中国的"四书"等翻译成拉丁文，向西方传播中国文化。

德国人、罗马教廷科学院院士汤若望（Johann Adam Schall von Bell，1592—1666）是利玛窦之后又一位在中国产生重要影响的传教士。他因准确预测日食而被任命为中国掌管天文的钦天监官员。他与比利时人南怀仁（Ferdinand Verbiest，1623—1688）曾为在中国推广西方历法而积极努力，虽遭一些中国士大夫的坚决反对，却得到清朝康熙

汤若望像，绘于1904年之前。

皇帝的支持。据统计，到1701年，中国已有130名天主教传教士，教徒近30万。

此后，中国发生了"礼仪之争"，即天主教是否应该中国化，具体问题是如何翻译"造物主"及中国教徒是否可以参加祭祖祭孔等礼仪活动。代表利玛窦的一派传教士认为：儒家经典中的天与天主教的天主意义相等；中国人的祭祖祭孔活动只是一种崇拜，这类活动与信仰天主教并不矛盾。反对派的看法与此相反。双方争论激烈，最后罗马教廷下令严禁中国教徒祭祖祭孔，康熙皇帝则针锋相对，下令严禁在中国传教。这场争论从中国内部发展到外部，从东方发展到西方，持续了100多年，最终天主教再次被中国拒之门外。但也正是这场礼仪之争，引起了欧洲人对中国文化的热情，一时间介绍中国历史、哲学、地理、艺术、风俗的图书在欧洲广为流行，谈论中国成为热门话题。利玛窦在他的《基督教进入中国史》一书中对中国的儒学、佛教和道教——作了介绍。他认为"中国最伟大的哲学家是孔子"，称其"一生以言以行以文字，诲人不倦。大家都把他作为世界上最大的圣人来尊敬。实际上，孔子所说的，和其生活态度，绝不逊于我们古代的哲学家，许多西方哲学家无法与他相提并论"。

中国传统思想文化对周边地区一些国家的影响更大。特别是古代的朝鲜半岛和日本列岛等东亚地区，与中国有着紧密的关系。公元7

世纪至 10 世纪唐朝时，中国文化高度发达，日本先后派出 13 次遣唐使到中国，考察唐文化和制度。日本还派留学生到唐朝的最高学府——国子监学习。留学生回国后，由日本朝廷按其所学，安排在教育、医学、刑律、艺术等不同部门任职。6 世纪，佛教由中国传入日本，很快就成为日本最大、最有影响的宗教。日本专门派留学僧来中国投拜高僧名师，学习佛教知识。唐朝高僧鉴真应日本僧人邀请，历经 11 年努力，终于在 753 年成功东渡日本。鉴真在日本度过了一生中最后的 10 年，以其丰富的学识，对日本的宗教、建筑、医学等作出了重大贡献，成为中日友好的象征。646 年，日本进行了著名的"大化改新"，模仿中国隋唐的政治、经济制度，对日本社会进行全面改革，使日本进入新的发展时期。

中国传统思想文化对古代朝鲜也产生了重要影响。公元 6 世纪末到 10 世纪隋唐时期，朝鲜半岛的新罗政权也派遣留学生到中国学习，并派遣僧人来唐求法。在政治制度方面，新罗仿隋唐的三省六部体制，建立了中央行政机构，并仿隋唐地方制度，建立州郡体制。新罗还按照隋唐模式，建立教育制度，开设国学，讲授中国的《论语》《春秋》《孝经》等儒学典籍，并实行科举取士制度。

第四章 农业文明时代的发达国家

这个国家人口众多，不仅村庄，连城镇都彼此在望，有些地方河流甚多，屋舍几乎连绵不绝……这个国家幅员辽阔，有不同的纬度和气候，所以盛产各种水果，大自然好像把分散在世界各地的水果都储存在那里。它的境内有供人类生活的必需用品，及各种美好的东西，它不仅用不着向别的国家讨乞，而且还有（又多又好的）剩余满足邻近和遥远国家的需要，这些国家一直希望来访问和参观。它的主要粮食是全世界用得最多的，即小麦和大米。有些国家常用这一种，或另一种，而中国则两种都大量生产。

——〔葡〕奥伐罗·塞默多（Alvaro Semedo）《大中国志》

农业的进步和手工业的发展

中外历史学家们较为一致的看法是，古代中国代表着农业文明，在相当长时期内，其生产力和社会发展水平处于世界领先地位。在长达2000多年的时间里，中国的先民们辛勤劳作，不断创造，以自己的智慧和汗水，丰富和发展了人类文明。中国以农业文明时代的发达国家而载入人类史册。

在中国西南的四川省，有一个先秦时期设计建造的防洪灌溉工程，距今已有2000多年的历史，但仍然发挥着作用，这便是有名的都江堰水利工程。

古代中国以农业为主体经济形式。黄河、长江、珠江、辽河等主要水系形成的冲积平原，为发展农业生产提供了良好的自然条件。中国历代王朝都视农业为立国之本，并通过有效政策措施鼓励农业生产。在历史上相当长一个时期，中国的农业生产技术水平处于世界领先地位。

早在商周时期，中国人就开始从事农耕活动。当时主要的农作物有稷（小米，俗称谷子）、黍（大黄米）、麦（有大麦、小麦之分）、菽（豆类总称）、稻（今称水稻）。春秋时期，铁器已用于耕种，并出现了牛耕，农业生产得到进一步发展。秦汉时期，随着生产工具和生产技术的提高，特别是水利灌溉的运用和政府组织的垦荒运动，北方农耕经济区扩大。从汉朝开国到汉武帝即位的70年间，由于国家没有经历严重的战争及动荡，天下太平，加之风调雨顺，没有出现大

2021 年 1 月 18 日，江苏省徐州市睢宁县实验小学附属幼儿园的老师为孩子们讲解熬制腊八粥的食材。

的自然灾害，民间人给家足，城乡大小粮仓都得到充实，国家财政也多有盈余。有文献记载当时粮食丰收情况：国家粮仓太仓的存粮因年年堆积，不得不露天存放，结果导致粮食腐烂而不可食用。而在民间，人们竞相比富，大小人家都风行养马，并在乡间小路上成群驰游。东汉以后，中国长江流域农业经济开始得到较快发展，广大的南方地区开始实行水稻一年两熟制，农业生产水平进一步提高。

唐代前期，中国农业经济的发展达到了一个新的高峰。当时，生产发展，粮食丰溢，人户增多，民生殷实。农业耕种面积扩大，全国从北到南，所有平地都被开发利用。人口增长迅速，到 732 年，全国有人口 4543 万，比唐初增加一倍半以上。宋代时，全国大力兴修水利，推广灌溉，江河湖泊多被利用，灌溉面积增多，精耕细作加强，粮食产量提高。清代康熙、乾隆年间，由于实行与民休息政策，减轻农民负担，鼓励农业生产，加之新的粮食高产品种的大面积推广，中国历

2019 年 5 月 10 日，江西省万载县白水乡老山村举行传统农事活动——开耕节，祈求风调雨顺、五谷丰登。

史上又出现了一次农业生产空前发展、人口迅速增加的时期。

中国古代社会重视农业生产，同时也重视总结农耕经验，以便推广应用。秦以前，中国便出现了讨论农学的文章，不仅研究农业技术，也探讨农业政策。先秦重要文献《吕氏春秋》中保存了四篇有关农学的论文。《氾胜之书》是西汉时一部重要农学著作，以今天陕西关中地区作为试验基地。东汉时期有《四民月令》一书，记述今天河南洛阳一带的农耕生活。北魏时贾思勰所著《齐民要术》一书，是中国古代一部重要农学著作，介绍当时黄河中下游地区农业生产技术。据研究者统计，中国古代历史上研究农学的著作有 300 多种。农学研究的热潮从一个侧面反映了农业文明的发达。

手工业是农业经济的重要补充。手工业的发展推动了农业生产的发展，也使农业文明的形式和内容得到丰富。在中华文明的起源时期，陶艺、纺织和玉器制作等已经具备相当高的工艺水平。商周时期，手

南京博物院陈列的唐三彩文物展品

工业开始成熟，被称为"百工"，当时的玉器和青铜器已表现出较高
水准。春秋战国时期，铁器铸造成为重要的手工业部门，多种铁器用
于战争、社会生产和生活之中。汉代，炼铁、铸铁和制钢业、丝织业、
漆器制造业以及造纸业兴起。隋唐时，铸造业发展迅速，金属制造水
平大大提高，制瓷技术更为成熟。唐代生产的白瓷如同白雪，青瓷有
如清霜。宋代，手工业规模扩大，分工进一步细化，技术、质量达到
前所未有的高度，著名的景德镇瓷窑这时处于极盛时期。明代，棉织
业、冶铁业进步较快，最大的铁炉可容矿石 1000 多公斤，日出铁 500
多公斤。清代，手工业规模不断扩大，分工更细，景德镇御窑厂正常
年产量可达 10 多万件。

　　中国古代手工业的经营形式以官营为主。宋代以后，特别是明代，
民营手工业逐步发展起来。明代中叶开始，由于民间消费需求旺盛，
民间纺织业开始大大超过官营纺织业，并出现了雇佣劳动和手工工厂

经营方式。

位居世界前列的科技水平

中国"在公元 3 世纪到 13 世纪之间保持着一个西方望尘莫及的科学知识水平"，这是英国著名中国科技史专家李约瑟对中国古代科技的评价。中国古代科技在很长的时间里曾走在世界的前面，不仅为人类贡献了"四大发明"，而且在天文学、气象学、医学、农业、植物学、动物学及水利交通、土木建筑、园林设计、金属冶炼、船舶制造、陶瓷制造、纺织印染等诸多领域领先世界。

"四大发明"——造纸术、印刷术、火药、指南针，是古代中国奉献给世界的重大科技成果，改变了人类文明进程。

人类采用纸作为书写材料，无疑具有革命性。造纸术发明于汉代。此前中国的先民曾采用龟甲、竹木、缣帛等作为书写材料。这些材料或者笨重，或者珍贵，造价高，使用不方便。东汉时，宦官蔡伦总结前人经验，改进造纸方法，发明植物纤维造纸术，使纸的产量大为增加。此后经过长期的发展，特别是到宋代时，造纸技术更加成熟，竹纸、草纸已广泛使用，并出现了《纸谱》这样专门总结造纸技术的著作。中国的造纸技术首先在 3—4 世纪传到越南、朝鲜、日本等周边国家，8 世纪前后传到中亚地区，11—13 世纪传到北非和欧洲。

如果说纸的发明方便了人类书写，那么，印刷术的发明则方便了人类对知识的获取和传播，同样对推动人类社会发展具有革命性作用。在发明造纸术几个世纪之后，也就是 7 世纪初的隋唐之际，中国人发明了雕版印刷术。这种技术是把文字刻在一整块木板上，然后在木板上加墨印刷。到五代时，又出现了铜版印刷技术。宋代雕版印刷业空前繁荣，刻印了大量经书、史书、医书以及佛教、道教典籍，并且发明了套色印刷技术。活字印刷术的发明无疑是印刷术发展史上一次重

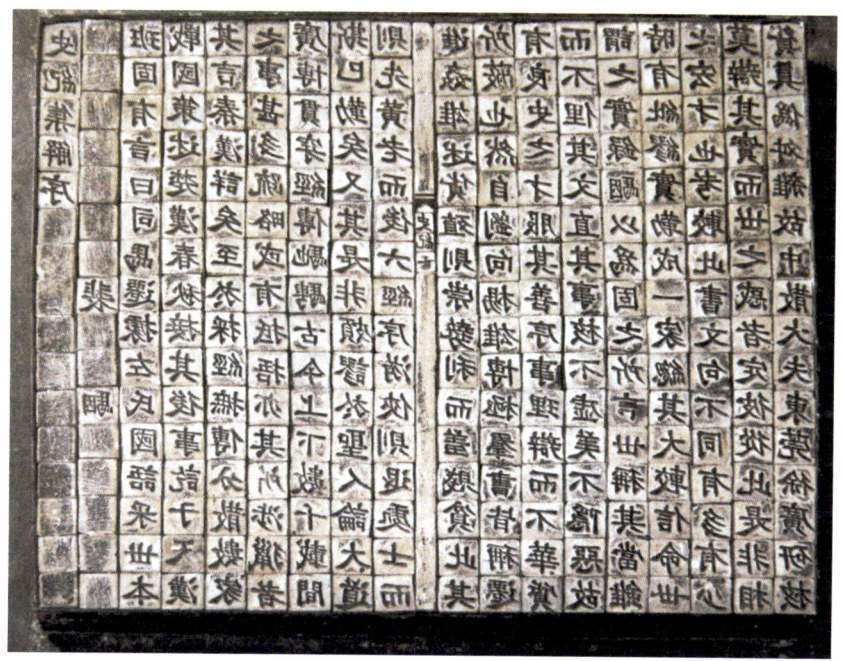

毕昇泥活字版（模型）

大变革。北宋时，一个叫毕昇的平民发明了用泥造的活字进行印刷的技术，从此人们不必再采取整块雕版的做法，而是改用活字排版。此后的元、明两代，中国人还发明了木活字和锡、铜、铅等金属材料制成的活字。中国的印刷术自唐朝起开始外传，先到日本、朝鲜，接着传入东亚、南亚和西亚各国，并经波斯传到北非和欧洲。1456年，德国人古登堡开始用活字印刷《圣经》。印刷术传到欧洲后，对欧洲文艺复兴和宗教改革运动起到了重要促进作用。

　　将火药用于战争，是战争手段的一次重大升级，影响深远。火药的发明与中国道教的炼丹术有关。炼丹就是通过提炼各式各样的药物和矿物质，以期获得一种有益身心健康和使人长生不老的药物。古代道教方士在炼丹过程中逐步认识到硫黄、硝石等物的化学性质，将其混合后制成火药。火药于魏晋南北朝时发明，到唐朝时已经被用于军

司南（模型）

事领域，北宋时已形成规模生产，并出现了与之相配的火器，如弓火药箭、弩火药箭、喷气式火箭、管形火箭等。中国发明的火药技术约在13世纪初经过印度传入阿拉伯国家，欧洲人在与阿拉伯人的战争中也学到了制造火药和火药武器的技术。

指南针的发明使人们明确了东西南北，从此不再迷失方向。早在战国时期，中国人就发现了磁铁的指极性，并发明了磁性指向仪器"司南"。到宋代，人们发现了人工磁化的方法，进而发明了指南针，并使其成为航海的工具，"夜则观星，昼则观日"的天文导航方法渐被淘汰。指南针在航海领域的广泛应用，开创了人类航海活动的新纪元。正是由于指南针技术的成熟，明代初期才有了郑和七下西洋这一航海史上的伟大壮举。大约在12世纪到13世纪时，指南针由中国传到阿拉伯国家，此后再传到欧洲，对欧洲航海业的开辟和新大陆的发现起到了重要作用。

在天文学领域，包括天象观测、历法推算和天文仪器制作等多方面，古代中国也取得了举世公认的成就。中国最早的编年体史书《春秋》记载日食37次，有33次被现代研究证实是可靠的，并对月食、流星雨、哈雷彗星、太阳黑子、极光等天文现象多有记载。中国古代特别重视制定历法，在先秦时即确定岁实（回归年）为365.25日，是当时世界上最精密的历法之一。之后各朝代差不多都有自己的历法，

上海科技馆前的浑天仪

最著名的是元代天文学家郭守敬制定的《授时历》，确定的回归年长度为 365.2425 日，与今日世界历法所用值完全相同。中国古代创制的天文仪器种类繁多。在汉代，科学家张衡创制了一种新的浑天仪。这种仪器以漏壶滴水为动力，推动其内部的齿轮装置每天匀速转动一周，以演示星宿的出没，与天文观象台所观测到的星象完全符合。

古代中国是最早建立数学体系的国家。东汉时，经众人撰写、修改、补充，集先秦以来数学成就之大成的著作《九章算术》问世，开创了古代中国数学体系。该书以解决日常生活需要为主旨，涉及算术、代数和几何等多方面的数学问题，其中关于分数的概念和分数运算、比例问题的计算、负数概念的引入和正负数的加减运算法则、联立一次方程组的解法等，都比印度早 800 年以上，比欧洲早 1000 年以上。南北朝时，数学家祖冲之所求得的圆周率，精确到七位小数，早于世界其他同类计算 1000 年以上。

在近代西方医学出现之前，中国医学的发展曾居世界前列，并且形成了自成体系的中医学。成书于汉代的《黄帝内经》，是中国最早的一部比较完整的医学理论著作，千百年来一直指导着中医的临床实践。东汉末年，医学家张仲景写成《伤寒杂病论》，奠定了中医治疗学基础。明代医学家李时珍终其一生所撰写的《本草纲目》一书，系统总结了16世纪以前的中医药理论。

中医理论的出发点是"气"，气又分阴阳。阴阳平衡是人体健康的最根本的因素。如果阴阳失去平衡，人就会产生各种各样的疾病。中医理论的另一思想是五行学说，这一学说把天地万物归纳成木、火、土、金、水，它们彼此相生相克。相生是木生火、火生土、土生金、金生水、水生木，相克是木克土、火克金、土克水、金克木、水克火。只有把握这一整体的相关性，才能认识病因、病理，做到辨证施治和用药，达到治病救人的目的。

完整的政治、法律及选官制度

与以农业为主体的经济体制相适应，中国自秦汉开始建立了一套完整的政治、法律和选官制度。这套制度体系与西方国家多有不同，具有鲜明的古代东方特色。

◎政治制度

从秦汉起，中央集权制度和君主专制制度逐步建立、巩固和发展起来。

秦汉在中央建立了"三公九卿"衙门机构，负责执行政策、管理事务。三公是丞相、太尉、御史大夫。三公之下设九卿，即奉常、郎中令、太仆、卫尉、典客、廷尉、治粟内史、宗正、少府。"三公九卿"制度使政权机构分工更为严密和系统化，也大大加强了皇权，为后世各朝代所沿袭。秦汉在地方实行郡县两级制，后改为州郡县三级制。

故宫乾清宫中的皇帝座位

　　如前所述，中国的帝制起于秦代。帝制是中国古代政治制度的核心。帝制就是君主制，君主被视为天子，地位特殊，权力无边。即使是称呼，帝王也与一般人不同。从汉代起，皇帝都有特殊的庙号、谥号、年号。通常，一朝开国皇帝的庙号称祖，如汉高祖、唐高祖等；用最能表达皇帝功绩的文字作为其谥号（死后的称号），如"文""武""元""景"等；用具有特殊指意的词语来命名皇帝的年号，如"建元""贞观""天宝""康熙""乾隆"等。

　　为保证帝位的顺利传承，汉代建立了太子制度。所立太子可以是皇帝的儿子，也可以是皇帝的兄弟，以实现所谓"父死子继，兄终弟及"。如果皇帝因年幼等原因无法处理政务，皇帝的母亲可以代理，这便是太后听政制度。这一制度埋下了太后及其亲信与皇帝及其周边人争夺皇权的隐患。太后（或皇后）的亲信通常与太后（或皇后）有血缘关系，被称为外戚；皇帝身边的人因在宫中生活而遭阉割，被称为宦官。中国历史上，因外戚与宦官专权而导致朝政不稳的事件屡有发生，因争夺太子位而发生的朝廷内斗也时有发生。

中国古代的帝王制度发展到隋唐时臻于完备。隋唐进一步完备了宰相制度。宰相是辅佐皇帝处理政事的最高行政长官，其他百官均受其节制统辖，故中国民间关于宰相的地位有"一人之下、万人之上"的说法。关于宰相的名称，历朝历代不尽相同。以丞相作为皇帝的辅佐，始于秦汉。但由此也引发了皇权与相权的矛盾。隋唐对宰相制度作了较大改革，实行集体宰相权，通过集体议事的方式分割相权，以消除皇权与相权的矛盾，使相权完全服从皇权。为帝王政治服务的中央机构设置，隋唐时已相当完备，这便是"三省六部"制。三省为尚书省、中书省、门下省，其中尚书省为最高行政机构，下设吏（人事）、户（人口）、礼（礼仪）、兵（作战）、刑（司法）、工（工程）六部；中书省为最高决策机构；门下省为最高审议机构。

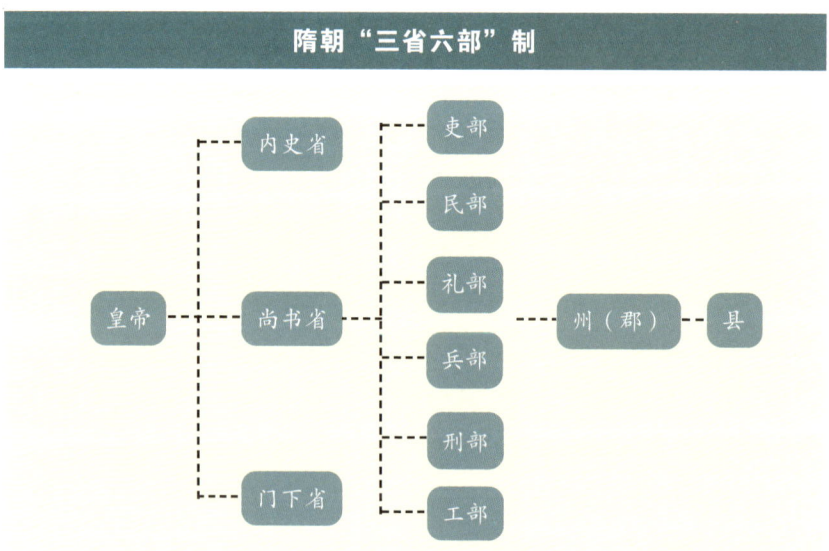

隋朝"三省六部"制

明清两朝时，帝王专制得到进一步加强与再度发展。明太祖朱元璋为防止权臣专权，废除丞相制度，由皇帝直接统领六部，处理政务，强化了皇权。为保证皇权，加强对百官的监督，明朝还建立了由宦官统领的东厂、西厂、锦衣卫等特务组织，使专制政治达到无以复加的地步。明清在地方建制上沿用元代的行省制，明分全国为十三行省和南北两直隶，清分全国为十八省，并由中央政府直接管辖东北、内蒙古、外蒙古、回部、西藏五个地区。清末，又陆续增设了新疆省、台湾省和东北的奉天、吉林、黑龙江省。

◎ 法律制度

中国古代法制以维护皇权为根本，基本框架是"礼刑一体"，实行多法合一，司法行政不分。

反映宋代刑场的壁画

秦崇尚法治，制定《秦律》，其内容多达 29 种，涉及政治、军事、农业、市场管理、货币流通、交通运输、行政管理、案件审理、诉讼程序等各个方面。秦坚持轻罪重刑，严刑酷法。严酷的法律并没有使秦万世长存，反而激起了人民的极大不满，加速了秦王朝的灭亡。汉初汲取了秦灭亡的教训，崇尚法律宽简，制定了《九章律》。汉统治稳定后，法律条文日繁。汉律有律、令、科、比四种，律为律条，令为诏令，科为法律应用，比为案例类推。汉律特别强调皇权至上，以儒家学说为法理依据，坚持礼法并用，以礼入法，德主刑辅，先教后刑，奠定了此后"礼刑一体"的法制体系。

隋唐时期，法律制度建设得到进一步发展。隋制定《开皇律》，唐在此基础上制定了《武德律》《贞观律》《永徽律》，并编《唐律疏义》和中国最早的行政法典——《唐六典》，法律形式已相当完备。唐律坚持以礼入律的原则，明确规定"德礼为政教之本，刑罚为政教之用"；在刑罚的类别上，将刑分为五等；在法律的实施上，特别完善了死刑复核程序；加强法制监督，实行初审、复审、监督"三法司"制。

明清两代的法律制度是一个体系。明有《大明会典》，清有《大清律》。两朝都通过编订条例的做法来补充法律不足，《大清律》到清末时仅例就有近 2000 条。清代司法中"例"占据优先地位，有例从例，无例从律。明清两朝治国宽严不同，明以重典酷法治国，清较宽容。

◎选官制度

中国古代建立了与君主专制制度相适应的较为完备的官员选拔制度，这一制度经历了推荐、出身、考试等多个发展阶段。

汉代形成了一套完整的选官制度，主要有察举、征召、辟除、任子、赀选等方式。察举是推荐官员制度，由中央政府重要部门官员和地方政府主要官员向皇帝推荐能够担任官员的人才。征召是皇帝对特殊人才直接征用的选官制度。辟除是长官直接聘任部下的一种方式。

任子是对高级官员子弟的一种特殊照顾方式。赀选是对官吏的资产限制。上述选官制度的实施，建立了以儒家思想为原则的官吏标准，形成了以文人为主的职业官吏队伍。

从魏晋到隋初，九品中正制成为特有的选官制度。根据这一制度，朝廷在各州和各郡设立中正一职，专门负责品评人才。中正根据品评标准及其掌握的情况，把士分为九等，即上上、上中、上下、中上、中中、中下、下上、下中、下下，以备选用。中正只有品评权，没有任命权，需要将自己的品评意见提交给政府，作为政府用人的依据；政府虽有任用权，但必须根据中正的评定来任免官员，不得擅自做主。这就形成了中正与掌握用人权的政府官员之间的牵制。从表面上看，这一制度有其合理性，但这一制度适应了门阀政治的需要，实际情况是中正一职大多为世族把持，任用官员全凭门资。

科举制是中国古代官员选拔上的一大创造。这一制度创建于隋，发展于唐，规范于宋，完善于明清。隋逐步形成秀才、明经、进士三大科目。唐发展了隋科举之法，特别是进士和明经两科，每年考试一次，每次录取几十人不等。考试内容主要是中国传统文化中的经学知

宋代《科举考试图》

识、经学理论、政论见解和文采辞章。宋对科举制度进行了调整，在考试程序和方法上作了严密的规定，使其趋于规范化，仅北宋时期就录取进士和明经诸科五万多人。明清科举更加严密、规范，制度已相当完备。明清科举与宋元相比，最大的不同是八股取士。八股是一种文体，以宋代儒家注释的"四书（《大学》《中庸》《论语》《孟子》）五经（《诗》《书》《礼》《易》《春秋》）"命题，作文要采用特定的格式，仿古人语气，替圣贤立言。明清科举三年一次，分为乡试、会试、殿试三级：乡试考取者为举人；会试第一名俗称会元；殿试取中者为进士，并分三甲，其中一甲三人，依次为状元、榜眼、探花，赐进士及第。科举考试不受出身限制，"朝为田舍郎，暮登天子堂"，为包括普通百姓在内的社会各方人员踏上仕途提供了可能，也为天下才俊施展才华提供了机会。

中国古代创立的政治、法律和选官制度，是农业文明的产物。历史地看，这些制度有利于稳定统治秩序、吸纳社会精英、提高官僚队伍素质，但同时它又与皇权专制的家天下体制相适应，以帝王人治为根本。

自成一体的语言和文字

语言和文字是人类文明的标志。中国是人类文明古国，也是语言和文字产生较早的国家之一。中华民族多元一体，拥有多种语言和文字，但其中影响最大、应用最广泛的是汉语和汉字。汉语和汉字历史悠久，自成体系。

在秦以前的春秋时期，汉语就出现了共同语。自12世纪以来，北京话成为北方话的代表。现代汉民族共同语的标准语在中国内地和香港、澳门称为普通话，在台湾称为国语，在海外华人当中称为华语。现代汉民族共同语以北京语音为标准音，以北方方言为基础方言，以典范的现代白话文著作为语法规范。汉语在发展中经历了古代汉语、近代汉语和现代汉语三个阶段。古代汉语是古代用语，其书面语是文言文；现代汉语是近百年来形成的，有口语和书面语两种形式，两者表达基本一致。与古代汉语相比，现代汉语更通俗且易理解，便于使用。汉语属汉藏语系，是世界上使用人数最多的语言，除中国外，还是新加坡的官方语言之一，是联合国正式语文和工作语文之一。

汉语有自身的特点。从音节结构看，汉语音节结构整齐。汉语音节由声母和韵母组成。如：

音节	声母	韵母
dong	d	ong
xi	x	i
nan	n	an
bei	b	ei

汉语每个音节都通过声调区别其意义。在普通话中，hān（酣）hán（韩）hǎn（喊）hàn（汗），这四个音节的声母韵母都相同，但由于声调不同，表示的意义也不同。汉语中还有一些同音字，它们的读音相同，字形不同，表达的意义和用法也不同。如："红""宏""虹"，虽然都读"hóng"，但意义、用法完全不同。这些也是外国人学汉语的难点。

中国现代著名学者、语言学家、音乐家，被誉为"现代中国语言学之父"的赵元任（1892—1982）先生，为说明汉语语音和文字的相对独立性和不同，曾编了一个极"好玩儿"的单音故事。故事通篇只有"shi"一个音，以文字写出来，人人可看懂，但如果只用口语说，仅靠四声区别，那就任何人都听不懂了。故事名为《施氏食狮史》——"石室诗士施氏，嗜狮，誓食十狮。氏时时适市视狮。十时，适十狮适市。是时，适施氏适市。氏视是十狮，恃矢势，使是十狮逝世。氏拾是十狮尸，适石室。石室湿，氏使侍拭石室。石室拭，氏始试食十狮尸。食时，始识十狮尸，实十石狮尸。试释是事。"

汉语中的词是由语素构成的。如"国"一词，由一个语素构成；"宇宙"一词，由"宇"和"宙"两个语素构成；"人民币"一词，由"人""民""币"三个语素构成；"窈窕"一词虽然有两个字，但算一个语素；另外像"巧克力"一词，有三个字，也算一个语素。

汉语与英语等语言不同，它不追求句子形态变化，注重的是词序，即词在语句里的顺序，通过词序反映语法关系，表达不同意思。如："我要学""要我学"。汉语是不断发展的，直至今日。汉语语言发展的总体趋势是简化。汉语词汇发展的一个明显趋势是从以单音词为主发展到以复音词为主，而且双音词在复音词中占多数。如：曾—曾经，可—可以，但—但是，宾—宾客，目—眼睛，日—太阳。

任何一个来到中国的外国人都会发现，中国的北方、南方，东部、西部，人们总是操着不同的口语在进行交流，而这些口语在语音、词汇、语法上存在着一定的差别，有些甚至相差很大，这便是汉语的方言。由于历史和地理的原因，现代汉语方言可分为七个大区：北方方言，也称北方话，分布在长江以北广大地区；吴方言，也称江浙话，分布在江苏南部和浙江省；赣方言，也称江西话，分布在江西大部和湖北局部地区；湘方言，也称湖南话，主要分布在湖南；客家方言，也称客家话，分布在广东、广西、福建、江西、四川、台湾等地；闽方言，也称福建话，分布在福建、台湾、海南和广东部分地区；粤方言，也称广东话，分布在广东大部、香港、澳门和广西部分地区。

汉字用来记录汉语已有 3000 多年的历史，一直用到今天，没有中断过，是世界上最古老的文字之一。

汉字最早被记录在甲骨上，称为甲骨文，时间上属于商代。现共出土了十多万片此类甲骨，有单字 3500 多个，能认出的约占 1/3。甲骨文是一种象形程度较高的汉字。稍晚于甲骨文的另一种汉字是金文，属青铜器铭文。秦建立全国性政权后，实行"书同文"，以小篆为标准字，同时还有一种叫隶书的汉字。汉字发展到小篆和隶书阶段时，字形和结构发生了很大变化，象形色彩渐少。到东晋时，在隶书的基础上产生了楷书；后来楷书发展成熟，成为汉字基本字形，直至今日。

汉字字形演变举例

甲骨文			
金文			
小篆			
隶书	鱼	鳥	羊
楷书	鱼	鸟	羊

汉字与英文等拼音文字不同。英文的基本单位是字母，字母只有音没有义，而汉字的基本单位是单字，一个个单字既有音又有义，因此汉字是表意文字。英文只有 26 个字母，单词由字母构成，而汉字由笔画构成，有的多达几十画。

汉字结构虽复杂，较难把握，但也有规律可循。汉字结构主要有四种。一是象形，就是通过描画事物外形造字。如：鱼，像鱼形；水，像水形。二是指事，就是在象形符号的基础上加上抽象符号造字。如：母，在"女"中加两点，指出哺乳妇女的特征；卒，在"衣"上加一撇，指士卒穿的有标志的衣服。三是会意，就是把几个表意符号组合在一起造字。如：益，像水从器皿中满溢的样子，后来写成"溢"；监，表示用眼睛向有水的器皿里看，像是在照镜子，后来写成"鉴"。四是形声，就是把表意的意符和表音的音符结合起来造字。如：铃，从金，令声，表示铃铛；江，从水，工声，表示江河。

在世界各种文字中，汉字是单字数量最多的种类之一。汉字究竟有多少，难以准确统计，有人估计自古至今累计起来应在 6 万个以上。

但在现代汉语中，常用汉字只有 3500 个，其中最常用的有 2500 个。这一数字与英语日常用词量大体相当，从这个意义上说，学习汉语并不是一件十分困难的事。

无与伦比的文学成就

中国文学源远流长、成就辉煌。中国古代文学以其特有的形式，极大地丰富了人类文明成果。中国古人从不吝啬自己在文学方面的创造性，在不同的历史时期创造了诗、词、曲、赋、散文、骈文、小说、戏剧等各种文学形式，佳作迭出，精彩纷呈。

◎ 先秦诗歌

中国是诗的国度，诗歌是中国古代文学的一种重要形式。"诗言志"，这话是中国古代对诗作为一种人文精神产品的集中认识。"饥

宋代画家马和之根据《诗经》意境画的诗意画

者歌其食，劳者歌其事"，劳动人民以诗歌表达心声。《诗经》是孔子整理的中国文学史上第一部诗歌总集，收录了自西周初年到春秋中叶（约前 11 世纪—前 6 世纪）约 500 年间诗歌创作的精品 305 篇。这些作品原本是配乐歌唱的，后乐谱失传，只留下了歌词。《诗经》分"风""雅""颂"三类："风"是地方歌谣；"雅"多为贵族祈丰年、颂祖德的内容；"颂"是祭祀宗庙的诗歌。《诗经》内容丰富，表现手法多样，以四言为主。《诗经》中的许多诗篇，尤其是"风"诗，对当时人民劳作、居家、战争、宴饮等多样的生活情景进行了真实、生动的描写。《诗经》中有这样一段，描写一位长期在外征战的士兵在还乡途中追述军中生活及离家的悲苦："昔我往矣，杨柳依依。今我来思，雨雪霏霏。行道迟迟，载渴载饥。我心伤悲，莫知我哀。"《诗经》中有大量以爱情、婚姻为题材的诗歌，其中一篇描写一位青年男子对所爱恋姑娘的思念之情："关关雎鸠，在河之洲。窈窕淑女，君子好逑。参差荇菜，左右流之。窈窕淑女，寤寐求之。求之不得，寤寐思服。悠哉悠哉，辗转反侧。"《诗经》所表现的写实精神及忧患意识等对后世文学创作影响很大。

晚于《诗经》，战国后期，南方楚国产生了另一种诗歌形式——楚辞。这一文学形式的代表作家是伟大爱国者和诗人屈原，他的代表作品是《离骚》。《离骚》是中国古典文学中最长的抒情诗，反映屈原被放逐期间忧愁激愤、救国无路以及理想难以实现的沉痛心情。《离骚》在艺术上大量采用浪漫主义的表现手法，如"朝饮木兰之坠露兮，夕餐秋菊之落英……制芰荷以为衣兮，集芙蓉以为裳"，这些成为中国文学浪漫主义的直接源头。《离骚》中一些富于进取精神的诗句，如"路漫漫其修远兮，吾将上下而求索"，至今为中国人所吟诵。《离骚》对后世诗歌创作影响很大，这一文学创作形式被称为"骚体"。

◎唐诗

中国古代文学经历了汉赋（一种押韵的散文）、魏晋南北朝时期骈文（一种讲究对偶和词采的文体）等文体发展后，到唐代出现了诗歌的空前繁荣，这便是"唐诗"。唐代约300年间，诗人辈出，诗作无数。清代所编《全唐诗》，收录2300多位诗人，共48900多首诗。这些诗的作者身份遍及各领域，有帝王、贵族、官僚、文士，还有和尚、道士、尼姑、歌妓、牧童，等等。唐时，诗歌成为普遍的文学形式。

中国古诗发展到唐代，一个突出变化就是近体诗的成熟。近体诗分为律诗、排律、绝句三种。五言律诗和七言律诗是律诗中较为普及的两种，每首都只有八句，其中五律每句五个字，共四十字，七律每句七个字，共五十六个字。律诗的第一、二两句叫做"首联"，第三、四两句叫做"颔联"，第五、六两句叫做"颈联"，第七、八两句叫做"尾联"。超过八句的律诗，称为长律或排律。绝句的句子及字数是律诗的一半，五言绝句只有四句二十个字，七言绝句只有四句二十八个字。

律诗讲究押韵。第一、三、五、七句不入韵（也有首句入韵的），第二、四、六、八句入韵。律诗还讲究对仗。对仗的上下句中对应字所属词性要统一，字义虚实要相当，语法结构要相同，即所谓"天对地，雨对风，大陆对长空"。律诗的八句中，中间二联必须对仗工整。律诗还讲究平仄。平仄是根据汉语的不同声调来划分的，到南北朝时人们已经发现汉语有四个声调，即平、上、去、入四声。四个声调中，第一个声调被定为平声，后三个声调被定为仄声。在律诗中，平仄声按照一定的规律交叉使用，使诗读起来朗朗上口。

送杜少府之任蜀州

王 勃

城阙辅三秦，风烟望五津。

与君离别意，同是宦游人。

海内存知己，天涯若比邻。

无为在歧路，儿女共沾巾。

登 高

杜 甫

风急天高猿啸哀，渚清沙白鸟飞回。

无边落木萧萧下，不尽长江滚滚来。

万里悲秋常作客，百年多病独登台。

艰难苦恨繁霜鬓，潦倒新停浊酒杯。

重庆市奉节县白帝城风光

登鹳雀楼

王之涣

白日依山尽，黄河入海流。

欲穷千里目，更上一层楼。

早发白帝城

李 白

朝辞白帝彩云间，千里江陵一日还。

两岸猿声啼不住，轻舟已过万重山。

　　作为文学作品的中国古诗，创作要求非常高。既要严格遵循押韵、对仗、平仄等写作规则，更要讲究诗的意境。中国古人作诗十分注意处理好诗的内意与外意的关系，内意在于通过诗说明事物道理，外意在于通过诗描写事物现象。两者达到有机统一，才算是写出了好诗。这便是"情景交融"。为追求最佳诗境，中国古人在创作时所下的功夫今人难以想象。"语不惊人死不休""一诗千改心始安"，是古代诗人留下的作诗心得。一位唐代诗人曾这样表达自己作诗用心之良苦："二句三年得，一吟双泪流。知音如不赏，归卧故山秋。"

　　唐代诗人中，李白、杜甫、白居易是最杰出的代表。李白被誉为"诗仙"。他生活在唐朝最昌盛之时，他的诗兼有豪壮雄浑与清新飘逸之美。他对江西庐山瀑布的描写，最能体现其豪壮与飘逸的诗歌风格："日照香炉生紫烟，遥看瀑布挂前川。飞流直下三千尺，疑是银河落九天。"杜甫在诗歌创作上的成就与李白齐名，有"诗圣"之美称。杜甫生活在唐朝由盛转衰时期，他的诗多为感时忧国之作，具有丰富的社会内容，充满人文精神。他留下的"朱门酒肉臭，路有冻死骨""无边落木萧萧下，不尽长江滚滚来""安得广厦千万间，大庇天下寒士

舞剧《杜甫》剧照

俱欢颜"等诗句，达到了艺术性与思想性的高度统一。白居易是唐代中期的大诗人。他的一些诗篇敢于揭露批评社会弊端。他的两首著名长诗《长恨歌》和《琵琶行》，融叙事与抒情为一体，成为千古杰作，其中的"天长地久有时尽，此恨绵绵无绝期""同是天涯沦落人，相逢何必曾相识"等佳句，为后人喜爱和传诵。

◎ 宋词

从唐朝中期起，与唐诗齐名的另一种文学形式——词开始兴起，并在宋代成为一代之文学，这就是"宋词"。词又称长短句，是一种依乐谱填词、讲究韵律的抒情诗，每首词字数固定，由若干长短错落的句子组成。词有固定的乐谱曲调，也叫词调，如《满江红》《念奴娇》《菩萨蛮》等。与诗相似，词也讲究结构、声律。宋时出现了大批成就突出的词人，名篇佳作层出不穷，并形成了不同风格与流派。现代人编的《全宋词》共收入 1330 多位词人的近两万首词。

宋中期以前，词的风格多追求深婉精致、含蓄蕴藉，内容也比较狭窄。南唐后主李煜在《虞美人》中是这样表达自己对故国和往事的思念的：

春花秋月何时了，往事知多少。小楼昨夜又东风，故国不堪回首月明中。

雕栏玉砌应犹在，只是朱颜改。问君能有几多愁，恰似一江春水向东流。

北宋词人柳永把词的领域从达官贵人引向市井都会，他在《雨霖铃》中表达了一对年轻男女分别时的忧伤情景与心情：

寒蝉凄切，对长亭晚，骤雨初歇。都门帐饮无绪，留恋处，兰舟催发。执手相看泪眼，竟无语凝噎。念去去，千里烟波，暮霭沉沉楚天阔。

多情自古伤离别，更那堪冷落清秋节！……

宋代中期，词的发展出现转折。带来这一转折的是大诗人兼大词人苏轼。苏轼改变了以绮艳婉约为主导的词风，他"以诗为词"，把诗的内容题材、情感、理趣、意境、手法引入词中，使词的风格趋向多样化。苏轼的词既有抒情婉转、词采清丽的一面，又有情调激越、感奋人心的一面。特别是他开创的豪放派词风，从内容到形式都使人耳目一新。他的一首《念奴娇·赤壁怀古》，气势磅礴，波澜壮阔，尽显豪放风格：

大江东去，浪淘尽，千古风流人物。故垒西边，人道是：三国周郎赤壁。乱石崩云，惊涛拍岸，卷起千堆雪。江山如画，一时多少豪杰。

遥想公瑾当年，小乔初嫁了，雄姿英发。羽扇纶巾，谈笑间，樯橹灰飞烟灭。故国神游，多情应笑我，早生华发。人生如梦，一樽还酹江月。

苏轼之后最能体现豪放风格的词人是辛弃疾。他生活在南宋前期，是一位身负雄才而不能施展的英雄。他用词来表达自己的思想，气吞万里，壮怀激烈。词史上把他与苏轼并称为"苏辛"。"醉里挑灯看剑，

湖北咸宁赤壁古战场

梦回吹角连营""稻花香里说丰年，听取蛙声一片""众里寻他千百度，蓦然回首，那人却在灯火阑珊处""青山遮不住，毕竟东流去"等，是他留下的名句。

唐宋时期，是中国诗词发展的辉煌年代，也是散文创作成果丰硕的时期。以韩愈、柳宗元为代表的文学家发起"古文运动"，对当时只注重形式而缺少内容的骈文（要求词句整齐对偶的文体，重视声韵和谐、辞藻华丽）进行改造，提倡学习秦汉奇句单行为特征的散文。他们创作的大量优秀的文学作品，把散文提升到了一个崭新的境界。到了宋代，欧阳修、苏洵、苏轼、苏辙、王安石、曾巩等，又把散文创作发展到一个新阶段。他们便是中国文学发展史上有名的"唐宋八大家"。

◎元曲

元代文学的代表是"元曲"。元曲包括散曲和杂剧两部分。散曲起源于民间，多来自北方少数民族。散曲也是一种长短句，但比词更为自由活泼。杂剧是一种用北曲来演唱的戏剧形式。元代著名杂剧作家有关汉卿、马致远、王实甫等，他们的代表作分别是《窦娥冤》《汉宫秋》《西厢记》。《窦娥冤》通过窦娥的悲剧命运揭露了当时吏治的黑暗和社会的不公，关汉卿以其质朴自然的风格和富于表现力的手法，对当时的社会进行了批判。以下是《窦娥冤》中窦娥赴刑场时唱的一支曲子，道尽了无奈与悲愤，痛快淋漓：

【滚绣球】有日月朝暮悬，有鬼神掌着生死权。天地也，只合把清浊分辨，可怎生错看了盗跖颜渊？为善的受贫穷更命短，造恶的享富贵又寿延。天地也，做得个怕硬欺软，却原来也这般顺水推船。地也，你不分好歹何为地？天也，你错勘贤愚枉做天！哎，只落得两泪涟涟。

◎明清小说

中国古代社会的后期，也就是明清两代，各种文学形式继续发展，尤以小说和戏曲最有代表性。小说有长篇、短篇之分。长篇小说都是章回体，每一章回讲一定长度的故事，形成情节段落，通篇由多个章回组成，故事首尾整齐。章回小说起源于民间说书，因此都是白话小说，容易理解，便于传播。明清小说数量颇多，著名的章回小说有罗贯中的《三国演义》、施耐庵的《水浒传》、无名氏的《金瓶梅》、吴承恩的《西游记》、吴敬梓的《儒林外史》、曹雪芹的《红楼梦》等。《三国演义》是一部历史演义小说，描写东汉末年和魏、蜀、吴三国争夺国家统治权的故事，塑造了诸葛亮、关羽、曹操等一批具有独特性格的人物形象。《水浒传》是一部英雄传奇小说，描写了宋代一批造反人物反奸除暴、见义勇为、慷慨任侠的故事，成功地塑造了

绘本《红楼梦》插图

一大批性格鲜明的英雄人物。《西游记》是一部神魔小说，根据唐代高僧玄奘去印度取经的故事创作，充满神奇瑰丽的幻想，并成功地刻画了美猴王孙悟空这个正义的化身。《金瓶梅》是一部世情小说，描写宋时西门庆一家暴发和衰落的故事。它在中国小说发展史上有转折意义，小说创作由此开始出现人文主义、现实主义趋向。《儒林外史》是一部讽刺小说，深入刻画了在扭曲的科举制度和礼教下，一批文人、商人和官吏乡绅的脸谱和丑态。

《红楼梦》是中国古代文学集大成之作，也是中国古代文学发展的顶峰。作者曹雪芹以其家世为背景，描写了封建制度下一个贵族家族由盛而衰直至毁灭的故事。《红楼梦》以前所未有的广度和深度真实地反映了清代前期的社会面貌和人情世态，充满人文主义与现实主义关怀。小说塑造了宝玉、黛玉、宝钗、王熙凤、贾政等众多有典型意义的人物性格和形象。曹雪芹把中国历史上长期积累的传统文化尽收于这部小说之中，以其丰厚的学识修养，打造出一座文学丰碑，为后人所推崇。《红楼梦》有中国传统文化百科全书之美誉，细读一遍，可以大大提高对中国传统文化的了解。

中国传统小说和西方小说相比，强调故事性和情节，节奏较快，但人物心理描写则相对较弱。

别样独特的艺术风格

传统的中国艺术，无论是书法、绘画，还是音乐、舞蹈，抑或是建筑、园林，与世界上其他文化表现相比，都有着别样的风格，汇成多彩的中华艺术天地。

◎ 书法

书法是传统中国最具特色的艺术形式，体现了东方审美价值。

书法作为一种艺术，专门指汉字的书写艺术，要求立足审美书写汉字，融入创作者的审美情趣、个人气质，把汉字写得美，形成风格和特点。书法艺术是以汉字为载体的，而汉字的特点是点线组合，复杂多变，可以组成无数不同的形体，这使汉字有了通过书法进行艺术创作的可能。而汉字保留的一定成分的象形性、象征性、表意性，也为书法家创造一个审美意象提供了条件。汉字的书写工具是笔、墨、砚、纸，也称"文房四宝"。用兽毛制成的毛笔，既柔软又吸墨，并且有很强的伸缩性，用它来书写点线组合的汉字，可以使汉字形体更加复杂多变，形成不同的风格。汉字书法创作有三个基本要素，即笔法（书写线条要有美感）、间架（字的笔画搭配要合理）、布局（通过艺术构思将许多字组合成整体篇章）。

汉字书法起源很早。早在汉字产生的时候，人们便注意到图形线条的变化。甲骨文、金文、篆文、隶书，在形体构架、笔法运用、整体布局等方面都已呈现不同的特点，表现出不同的美感。从西汉后期开始，人们对书法艺术有了自觉追求。汉代对书法艺术的一大贡献是创造了章草。章草是一种由草书和隶书相融而成的比较雅致的草体。中国书法到魏晋时期进入一个全新时代，楷书和行书诞生，出现了钟繇、王羲之两位书法大师。钟繇被称为楷书鼻祖。王氏家族在中国书法史上出书法家最多且造诣最深。

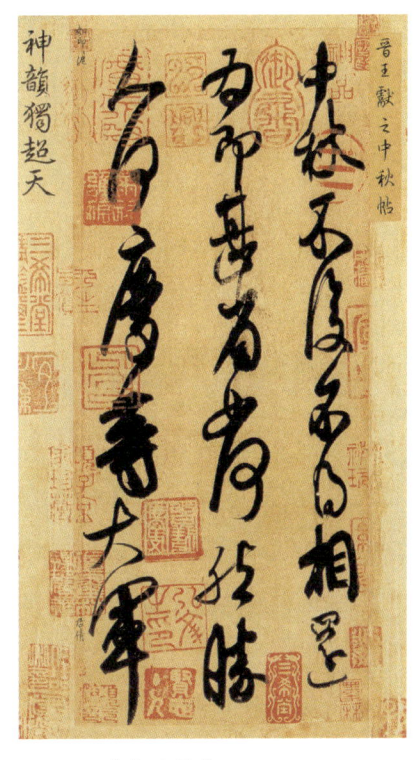

王献之《中秋帖》

王羲之及其子王献之在书法史上被并称为"二王"，他们将行书艺术推向新阶段。王羲之的行书作品以被誉为"天下第一行书"的《兰亭序》最为著名。这一时期在中国北方还流行一种被称为"魏碑体"的楷书，书刻在石碑上。唐朝出现了欧阳询、褚遂良、颜真卿、柳公权等书法名家，他们使楷书最终成熟。草书在唐时也有发展，出现了狂草。到宋代时，书法一改过去追求完美地体现法度的审美风尚，代之以更多融入书法家的个人情感和意趣，使书法更加体现艺术品质。苏轼、黄庭坚、米芾、蔡襄，是北宋时最负盛名的书法家，被称为"宋四家"。他们的作品大多活泼自然，不拘成法，独树一帜，富有个性。元代最有成就的书法家是赵孟頫，他的楷书严谨而又秀美，被称为"赵体"。书法在明清两代继续发展，其中最有影响的是明代书法领袖董其昌。他以古为师，以自然为法，在楷书、行书、狂草等书体上均有极高造诣，为后人所推崇。明末清初还出现了一批具有浪漫色彩的书法家。他们冲破传统书法规则的限制，创作出奇特浪漫的作品。

中国的书法艺术在公元 2—3 世纪传到朝鲜半岛。到 7 世纪，朝鲜的汉字书法进入鼎盛时期，出现了大量的书法人才和作品，许多作品保存至今。这个时期，中国书法还从朝鲜半岛传到了日本。到 8 世纪唐朝时，中日文化交流频繁，中国书法家的翰墨之秀弥漫日本。

◎ 绘画

绘画与书法，是中国传统文化的双胞胎。中国传统绘画也有着独特而鲜明的艺术特点，自成体系。

中国绘画既重写实又重写意，重形似更重神似。在表现技艺上，中国绘画最基本的方法是线条和墨色的运用。笔墨是中国画的核心。中国画与西方绘画的最大不同，是以墨代色。传统中国绘画以水墨画为主。水墨画主要画山水、花鸟，兼画人物。

中国绘画同样源远流长，在秦以前便有了帛画、壁画、漆画等多

宋代画家苏汉臣的《秋庭戏婴图》

种绘画。到魏晋南北朝时，绘画开始追求独立的审美价值，大批人物画、山水画出现，并形成了较系统的绘画理论。隋唐时，中国传统绘画走向繁荣。展子虔既善于画马又善山水，阎立本、吴道子等善人物画，李思训、王维等善山水画，薛稷等善花鸟画。唐时开始出现用水墨渲染来代替青绿描绘，这便是水墨画，并在晚唐后逐步发展成了中国画的主流。从五代到宋，人物、花鸟和山水绘画大发展。荆浩、关全、董源、巨然是五代时著名山水画家。宋代画家李公麟创造了白描手法，

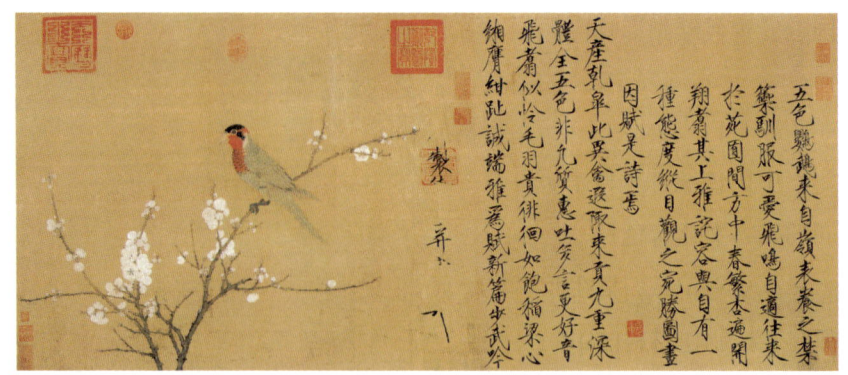

宋徽宗《五色鹦鹉图》

把人物画创作推向一个新境界；传为他所作的《维摩诘图》，是一幅人物白描精品。宋徽宗赵佶善画花鸟，《桃鸠图》等是其最为有名的传世作品。宋人的水墨梅竹画有很高的成就，文同的《墨竹图》、苏轼的《枯木怪石图》流传至今。宋代的水墨山水画也有很大发展，以米芾、米友仁父子为代表。"米家山水"以泼墨、破墨、积墨法作画，大大丰富了水墨渲染法。元代以后，绘画较前代发生了变化，文人画占了主导地位；文人画家多集诗人、书法家于一身，出现了诗、书、画融会趋势。黄公望、王蒙、倪瓒、吴镇为元代最著名的画家，号称"元四家"。明清两代中国绘画特别是水墨画的发展更注重总体表现力。晚明书画大师董其昌博采前人之长，形成清润明秀的画风，对清代绘画产生重要影响。清代绘画以"四王"（王时敏、王鉴、王翚、王原祁）、"四僧"（石涛、八大山人、弘仁、石溪，四人均出家为僧）和"扬州八怪"（清雍正、乾隆年间活跃在扬州地区的一批书画家，郑板桥即是其中之一）最有成就。"四王"是水墨画领域的正统派，功力深厚，其作品追求秀逸、文雅、安闲。"四僧"是反传统派，强调独创，反对泥古不化。"扬州八怪"既继承传统，又重视生活感受，张扬个性；在他们的水墨画中，诗、书、画、印得以完美结合，对中国近、现代绘画影响巨大。

◎音乐舞蹈

中国传统音乐舞蹈历史悠久，与西方音乐舞蹈相比，有着明显不同的东方文化特色。

据史料记载，早在西周时期，中国人使用的乐器就多达70余种。那时，按制作材料的不同，人们把乐器分为金、石、木、革、土、丝、竹、匏八类，这便是"八音"。1978年，在湖北的战国时期曾侯乙墓发掘过程中，发现了124件乐器，展示了中国古代灿烂的音乐文明。其中出土的编钟，制作精美，音域宽达五个八度，能演奏七声音阶的乐曲。汉朝和唐朝时期，乐器不断发展。至今流行的一些乐器，如琵琶、二胡、月琴、三弦等，就是那时由中亚等地区传入中原并经改造而成为主要乐器的。中国古代宫廷音乐发达，从业人数众多。据史书记载，唐代繁荣时在宫廷从事音乐工作的人员达数万人，还有专门的音乐机构，负责管理演出人员，并进行音乐整理、研究、创作工作。

中国传统舞蹈最初来源于图腾、巫术、祭祀等活动中的表演，后

五代南唐画家顾闳中所绘《韩熙载夜宴图》（局部）

与音乐一起组成了"乐舞"。西周时，中国有了专门以歌舞为业的女子"伎"，并相应产生了伎乐舞蹈，这种舞蹈在汉代时已达到相当高水平。伎乐舞蹈在很长一个时期内居于中国古代舞蹈的主流地位，表演这种舞蹈的人受过专门训练，这就使中国古代的舞蹈艺术水平不断得到提高。到唐代时，代表舞蹈艺术最高水平的是由乐舞伎人表演的宴乐歌舞，其中的歌舞大曲是一种集器乐、舞蹈、歌曲于一体的大型表演艺术，所表演的曲目众多。宋代时，又形成一种独特的舞蹈表演形式——队舞。这种舞蹈，表演人数众多，每人有明确的角色分工，表演有比较固定的程式，并集歌唱、舞蹈、朗诵、对话等艺术手法于一体，各种手法穿插表演，是一种综合艺术形式。

◎ 雕塑

雕塑艺术在中国传统艺术中居于重要位置。它与希腊、埃及、罗马等文明古国雕塑艺术有很大的不同，反映出东方文化特点。

中华文明的起源与雕塑密不可分。在新石器时代以后，中国便有了丰富灿烂的雕塑艺术。起初是陶塑艺术。商周时期的青铜器，体现了高超的雕塑技艺。秦汉以后，中国雕塑艺术不断发展，并在陵墓雕塑、石窟雕塑和佛寺道观雕塑等领域留下大量艺术精品。中国传统雕塑技艺在发展中吸收、融汇了外来艺术手法，形成了自己的民族特色。1974年，陕西临潼发现的后来被称为"世界八大奇迹"之一的"秦始皇兵马俑"，是秦始皇陵墓随葬大型陶制兵马武士俑群，数量多，规模宏大，而且单个的兵马雕得高大粗壮、威武有力，形象各异，面部表情各有特点。秦以后历代帝王的陵寝都有艺术价值较高的雕塑作品。佛教进入中国后，佛教造像在中国逐步兴盛起来，并同中国的传统雕塑艺术相结合，形成新的雕塑风格。佛教造像的一大部分是石窟雕塑，以位于山西大同附近的云冈石窟、河南洛阳附近的龙门石窟、甘肃西部的敦煌莫高窟、甘肃天水附近的麦积山石窟等最为有名。这些佛像

龙门石窟

造型优美，气质不凡，艺术表现出神入化，风格各异，具有很高艺术价值。在中国各地的寺庙中，历史上也留下了很多佛、菩萨、罗汉的雕像，其中不乏艺术精品。

◎ 园林

中国古代园林通过追求自然山水之美表现人文精神，体现了传统的"天人合一"思想。

中国园林有两个系统，一个是皇家园林，一个是私家园林。经过漫长的历史发展，这两个系统在明清两代达到繁荣的顶点。明朝迁都

北京圆明园遗址公园

北京后，加强了对皇家园林的营造。除皇宫内部的御花园外，主要是皇宫西侧的北海、中海、南海，又称"三海"。三海水面狭长，布局自然舒展，与宏伟庄严的皇宫建筑群形成鲜明对照。站在三海景观中心的琼华岛上举目四望，三海、故宫、景山及远处的群山起伏跌宕，层次分明，蔚为大观，尽显皇家气势与风度。清在明基础上改建了"三海"，并在北京西部新建了几个皇家园林，其中规模最大的是圆明园，力图将天下美景尽收其中。清还在河北承德修建了占地面积达 560 公顷（1 公顷 =10000 平方米）的避暑山庄，其特点是保持山林的自然形态，在一片林海中穿插布置一些小建筑，营造出一个幽静的境界。

在皇家建造园林的同时，一些官僚、富商、名流、士绅等也着手建造自己的私家园林。私家园林在中国汉代已出现，到魏晋南北朝时开始以自然山水作为景观的中心。唐代名城洛阳有以自然景观为主的私家园林千余家，具有清雅、幽静的风格。到宋时，私家造园已采用借景、对景等手法，并出现赏石之风。明清两代是中国私家园林的全盛时期，这些园林主要集中在北京、南京、苏州、扬州、杭州、无锡等地。北京城内私家园林最多时有 150 多处，半亩园、一亩园、萃锦园、清华园是其代表；苏州有 270 多处，拙政园、留园、狮子林、沧浪亭是其代表。这些园林的特点是住宅与园林的结合，在园林内增加生活内容，向居住化发展，而且文化品位不断提升，形成山池、花木、建筑、雕刻、书法、绘画、手工技艺等各种艺术的综合体。作为中国古典私家园林代表的苏州园林，是文化与生活相结合的精品。苏州园林利用有限空间，巧妙地将人与自然统一起来，以小见大，闹中取幽，打造出人间闲地，表现出很高的艺术审美趣味。

丰富多彩的社会生活

衣、食、住、行，生、老、病、死，以及各种风俗、习惯等，是社会生活的基本内容，也反映出一个国家和民族的文明水平。受儒家思想文化的影响，中国古代先民非常重视社会生活，注重提高生命质量，使人生充满乐趣和幸福。

◎婚姻文化

夏商时期，中国婚制即以一夫一妻制为主，但在贵族中普遍存在一夫多妻现象。秦汉时，中国传统的婚姻模式定型，严格遵行"同姓不婚"的原则，除皇室及一些贵族和有身份的人存在一夫多妻现象外，平民家庭基本是一夫一妻制。中国传统文化认为，男大当婚，女大当嫁，婚姻是一种自然现象，同时对每个人又都是一件大事。中国人通常把婚姻幸福与事业有成视为人生两件大事，叫做"成家立业"。男女一旦成婚，就应彼此恩爱、百年和好，承担各自的义务和责任。中国传统婚礼十分复杂，讲究程式，共分成六个不同阶段，又称"六礼"，即：采纳，是男方请媒人提亲、女方同意议婚之后，男方备礼去女家

2021 年 7 月 9 日，江西省抚州市广昌县杨溪乡举办水上花轿迎亲表演活动。

求婚的仪式，礼物是雁（近代以后用家鹅或木刻的雁代替）；问名，是请媒人问女方姓名和出生时辰（中国传统称"八字"，通过占卜男女生辰八字，推算男女二人成婚是否吉祥）准备合婚的仪式；纳吉，是把问名后占卜合婚的好结果通知女方的仪式，要送聘礼，如首饰、绸缎等，作为婚事已定的信物，此种仪式后世称为"订盟"，现称"订婚"；纳征，是订盟之后男方将聘礼送往女家、进入成婚阶段的重要仪式，又称"完聘"，礼品装箱并伴鼓乐送往女家；请期，是婚前去女家商定结婚日期时举行的仪式，确定婚期的规矩是男定月、女定日，俗称"提日子"或"送日头"，以避开女方经期；亲迎，是新婿亲往女家迎娶新娘的仪式，为古代婚礼最主要的内容，过程复杂。传统婚礼仪式在不同的历史阶段，又有不同的发展变化。

◎饮食文化

中国饮食文化历史悠久，内容丰富，享誉全球。中国古代农业文明发达，为饮食文化的发展创造了条件。在夏商时期，中国的饮食用器已形成炊器、饮器、食器三大类，其中夏代多为陶器，商代多为青铜器。西周时中国的饮食文化已经形成，体现出深厚的礼仪特征。春秋战国时期，漆器开始取代青铜器，被广泛用于日常生活之中。漆器制作精美，使用方便，提高了饮食文化水平。魏晋南北朝时，中国菜肴的九大主味——酸、甜、苦、辣、咸、鲜、香、麻、淡等，都已具备。隋唐时，人们日常生活食用的蔬菜已达数十种，饮食更加讲究品味。宋代饮食文化大发展，首都汴京是南北饮食技术的交流中心，食品名目繁多，瓷器作为饮食器具也得到广泛使用。明清两代，南方的粮食主要是稻米，北方则以麦为主，玉米、番薯也由美洲传入。清时，中国古代饮食文化达到顶点，形成了苏、鲁、川、粤四大菜系。清代饮食文化的代表是满汉全席，由满点和汉菜组成，山珍海味，水陆杂陈，

2021 年 1 月 14 日，浙江省金华市浦江县潘周家村的村民晒制"一根面"。

应有尽有。中国古代，平民的饮食习惯是：冬季每日两餐，夏季每日三餐；农闲时稀，农忙时干。

◎酒文化

酒在各国文化中都占有一定地位。在中国，酒文化内容丰富，积淀深厚。中国最早出现的酒是果酒，可上溯到石器时代。作为农业文明最发达的国家，中国先民懂得用谷物酿酒距今已有5000多年的历史。西汉后，中国内地有了葡萄酒。唐代以前，由谷物酿造的酒以黄酒为主，这种酒通常酒精度不高。宋代以后有了烧酒，这种酒酒精度较高，经过蒸馏工艺而成，可以燃烧，故名烧酒。中国古代还有一种酒叫药酒，在酒中加入中草药用来治病。啤酒是近代以后由西方传入中国的。在夏商周时代，上层多有嗜酒者，但酒在那时主要用于祭祀，然后才是人来享用。酒文化丰富了中国文化的内涵。酒壮英雄胆。酒能使人冲动，产生豪情，意气风发。中国历史上留下了许多对酒当歌、举杯誓盟、醉卧沙场的动人故事。酒浓情更浓。中国人每逢喜事、吉事、每当欢聚时、分别时、高兴时、失意时，总要举杯抒发感情。中国古人留下了许多与酒有关的美妙诗句和名言，如"劝君更尽一杯酒""酒逢知己千杯少""莫使金樽空对月""李白斗酒诗百篇"等。

◎茶文化

中国是茶的故乡。与酒文化不同，中国的茶文化突出的不是浓，而是淡。茶最早产生于中国西南的云贵高原，在西汉时经四川盆地沿长江东下。长江流域的土壤和气候，很适合种茶。魏晋时期，玄学大兴，讲究清淡，饮茶之风随之盛行，有身份的人要以茶待客。与茶最早结缘的是一些文士、雅士、隐士和僧人，这些人的特点是"逸"和"闲"。唐朝时，《茶经》一书问世，风靡一时，世人皆知茶，中国茶文化体系由此形成。唐时的茶文化认为，清是茶的核心。清就是一种精神和

2020 年 8 月 8 日，杭州茶叶博物馆举办茶文化活动。

人格，而清与醒是统一的。因此，茶文化蕴含着对清醒与理智的追求。到宋代时，茶在走向宫廷的同时也走向平民，盛行"玩茶""斗茶"之风。明清两代，茶文化继续发展。明代士人重操守，以茶雅志，以茶砺节，以茶砥行，品一盏清茶，味生民苦涩。清时许多文人在茶中寻求开释与抒怀，于茶中静心敛气，求得内心的平衡，正是"斋门长闭客自稀，一盏清茗日相亲"。茶是饮品，但在中国传统文化中，品茶不同于喝茶，品茶已上升到精神文化层面。"品"是鉴赏、玩味、评说。品茶有色、香、味之说。色尚绿，香尚淡，味尚中。品茶时，所用之茶须名茶，如西湖龙井、碧螺春、大红袍、君山银针等；所用之水要好，山水为上，江水为中，井水为下；所用之器须可用，同时要可赏、可鉴、可玩、可藏；品茶的环境要讲究，须清新、安静、干净。

◎居住文化

中国古代的居住文化主要有四大类型，即干栏式建筑、地穴式建筑、屋宇式建筑和帐篷式建筑。干栏式建筑属上古时期南方的一种巢居方式。这种建筑的优点是具有一定的防卫能力，且注意到卫生问题，使居室与地面隔开。地穴式建筑是北方原始时期的建筑形式。这种建筑是在地下挖洞，以洞为居。中国北方地区土层深厚，直立性强，含水量少，有利于窑洞开挖。这样的窑洞经济简便，冬暖夏凉，适合居住。取代地穴式建筑的是屋宇式建筑。这种建筑的出现使中国北方先

福建省连江县丹阳镇古民居群落——三落厝

民的居住由地下到了地上，具有明显的农耕文化特征。屋宇式建筑使用版筑法立墙，最大特点是冬暖夏凉，通风、采光良好，出入方便，墙体坚硬结实。为解决这种建筑的冬季御寒问题，中国北方地区发明了土炕。帐篷式建筑是中国北方游牧民族创造的一种适合游牧生产需要的民居形式。四合院是一种非常古老而又延续至今的建筑形式，在中国的北方、南方各有不同风格。北京的四合院以其独特的建筑风格和营建方式，成为中国北方四合式民居建筑的代表。中国人很早就重视建筑的选址，并在秦汉时期形成了相地术，俗称"看风水"，从事此行业的人被称为"风水先生"。所谓看风水，就是对住宅周边气候、地貌、地质、生态、景观等各种建筑环境进行综合评估。相地术又分相阳宅和相阴宅，相阳宅是为生者选居址，相阴宅是为死者选墓地。

◎服饰文化

从树叶、树皮到兽皮，再到手工纺织材料，在漫长的历史发展中人类服饰不断进步。与服饰相配套的鞋靴、绘绣、冠帽以及各种饰物、发型相继出现，而且人们根据不同场合、不同季节穿不同服饰，这便形成了服饰文化。夏商周时期，服饰的装饰功能突出，出现了与等级制度相适应的服饰制度。西周的服饰通过质地、形状、尺寸、颜色、花纹来表现等级贵贱之别，国王、诸侯、卿大夫的礼服有严格的等级规定。秦汉时，服饰文化趋向统一，人们普遍穿上衣下裳连在一起的"深衣"。魏晋南北朝时，讲究服饰之美，体衣（上下衣）、头衣（冠帽）、足衣（鞋袜）成为人们典型的服饰式样。隋唐时期的服饰有官服和民服、男服和女服之分。官服等级森严，皇帝、太子、百官服饰式样各有不同，颜色也不同。唐代女装大都由衫、裙、帔三大件组成，上身穿衫，裙子肥大以至掩地，帔披在肩上，飘垂在腰间。宋代妇女的服装一般上穿衫、下着裙，石榴裙在当时最为流行。北宋末，贵族妇女开始流行缠脚习俗。清朝强令汉人剃发改衣冠，服饰发生重大变

《韩熙载夜宴图》中的唐式服饰

化，最终形成既有满族民族特色、又有汉族传统等级标志的服饰制度。长袍马褂是清时男子的典型装束。汉族女装与前代相同，满族女服为旗袍。汉族妇女多缠足，满族妇女不缠。

中国主要传统节日举例

日期	节日	活动
农历正月初一	春节	一年中的第一天，也称岁首，中国传统第一大节。人人穿上新衣，互相祝贺，或到亲友家中拜年。拜祭祖先，全家吃团圆饭。放烟花，舞狮龙，充满节日气氛。
农历正月十五	元宵节	新的一年第一个月圆日。吃汤圆，寓意团圆。挂彩灯，猜灯谜，踩高跷，扭秧歌。
农历二月初二	龙头节（又名二月二）	祭祀龙神，祈求风调雨顺、五谷丰登。
农历二十四节气中的清明日	清明节	此时为春季的后期，万物皆洁齐清明。到郊外饮酒赋诗、吹弹歌舞、放风筝、扫墓祭祖是当天的主要活动。

日期	节日	活动
农历五月初五	端午节 （又称端阳节、重午节等）	传说设立此节是为了纪念伟大的爱国诗人屈原。家家吃粽子，插菖蒲艾叶，喝雄黄酒，举办赛龙舟活动。
农历七月初七	七夕 （又名乞巧节）	传说天上的牛郎、织女二星在此夜借鹊桥相会。妇女摆香案、供瓜果，穿针引线，向织女乞求智巧。
农历八月十五	中秋节	秋季传统的重大节日，地位仅次于春节。中秋为花好月圆之时，人们由天上的月圆联想到人间的团圆。家家团聚，吃月饼，赏月、赏灯、猜谜，摆设各种瓜果拜月。
农历九月初九	重阳节	人们在这天登高、赏菊、插茱萸。后演变成老人节。
农历十二月三十或二十九	除夕	旧岁之终、新岁来临之前夜。中国人一年一度的文化心结，一家团聚，贴对联、贴门神、贴年画，拜祖先，吃年夜饭，在爆竹声中辞旧迎新。长辈给晚辈压岁钱。除夕之夜有的人整夜不睡，称作守岁。

第五章　近代的危机与发展道路

中国是一个具有悠久的文化传统，并且具有作为统一国家的长期历史的国家。所以资本主义外国的侵略压迫，一开始就遇到中国人民的强烈反抗。……要在十分落后的社会基础上，战胜已经在中国居于统治地位的帝国主义势力，当然不是一件轻而易举的事情。但历史经验证明，只有这样做，才能改变中国所面临的恶性循环的命运。就是说，只有先争取民族的解放和国家的独立，才能谈得到近代化的政治、经济、文化的建设。

——胡绳《从鸦片战争到五四运动》

封闭与衰落

自公元前 2 世纪以来一直处于世界领先地位的中华帝国，到 1840 年以后，呈现出"三千年未有之大变局"。19 世纪中叶以后，在西方国家的坚船利炮面前，中华帝国逐渐沦为列强宰割瓜分的对象。

17—19 世纪，世界正发生着深刻变革。英国通过"光荣革命"和工业革命率先进入近代国家，法国通过大革命走上共和道路，美国通过独立战争和南北战争使国家强大起来，德国通过统一和推行工业化而走上崛起之路，俄国和日本也通过向西方国家学习逐步进入近代国

清末年画《各国庆寿图》。1903 年，多年垂帘听政的慈禧太后七十寿辰，各国使节前来贺寿。

家行列。而与此形成鲜明对照的是，经过 100 多年的鼎盛期后，清朝逐步走向衰落，原因有以下几个方面。

——排斥外来文明。1840 年鸦片战争前，清政府自视为"天朝"，是天下最大的也是最强的国家，所有外国都是"朝贡国"，只能向中国称臣，向中国学习，不能与中国并列。18 世纪乾隆时期，正值西方推进工业革命和建立近代国家制度之时，世界格局正在发生重大变化，而这位皇帝对外界发生的一切全然不予理睬。1793 年，乾隆皇帝在接见英国使臣时，仍傲慢地吹嘘："天朝统驭万国"，"天朝抚有四海"，"天朝物产丰盈，无所不有，原不藉外夷之物以通有无"等，沉浸在"天朝上国"的虚幻之中。同时，尽管古代中国有"四大发明"，但以儒家思想为核心的中国传统文化，注重的是"修身、齐家、治国、平天下"，不重视发明创造，甚至认为那些有利于提高生产技术的手段只是奇技淫巧。因此，当一些西方传教士将钟表、枪支等带到中国时，多数清政府官员只将其视为观赏之物，而不研究学习。

——采取闭关锁国政策。虽然郑和船队早于西方探险家几十年即开始远洋活动，但中国的明朝统治集团并没有把此举作为发展对外关系的一项长期政策延续下去。相反，统治集团以防止海盗骚扰和他国侵扰为由，采取了"禁海"措施，严格限制通过海上与外部世界发生关系。这使得中国丧失了一次与外部世界发展关系的机会。自 16 世纪起，中国几乎中断了与外界的海上贸易，而此时正是葡萄牙、西班牙、荷兰等国开拓海外市场的时候。清朝执行了比明朝更为严厉的禁海政策，禁止民间商船出海贸易。到 19 世纪清朝中期，禁海政策愈演愈烈，政府逐步收缩通商口岸，从福建、广东、江苏、浙江四省减少到广东一省，从大小百个左右通商口岸减少到广州一个口岸。外国商人在广州的经商活动也被严格限制，他们必须住在广州城外的商馆，通过中介才能进行贸易。但限制海上贸易的政策非但没有起到抵制侵略的作用，反而使中国失去对外贸易的主动权和机会，极大地限制了中国人的视野，拉大了中国与世界的距离。

——推行文化专制主义。帝王政治本身就是一种文化专制，推行愚民政策是其施政要点。清朝时这种文化专制达到顶点。为达到禁锢思想的目的，17世纪中叶，清廷宣布禁止学者创立书院、纠众结社，并禁止言论与出版的自由，民间只准出版与科举有关的书籍，严禁出版"琐语淫词""窗艺社稿"，违者从重治罪。为加强文化控制，清廷规定，讲解儒家经典必须以宋儒朱熹的诠释范本为依据。科举考试必须按照宋儒的传注，写作教条的、死板的八股文。特别令人望而生畏的是，清中期还大兴"文字狱"，以只言片语定罪，甚至置人于死地。康熙时，有一个叫戴名世的人写了一部名为《南山集》的书，因其中有"反清"思想，清廷严厉镇压，戴名世被处斩，他的祖孙三代直系、旁系亲属，年龄在16岁以上的，全部斩首，其他受株连的有几百人。

如同人们对罗马帝国为什么最终衰落表现出浓厚兴趣，中华帝国为什么到近代以后走向衰落，没能在世界上继续领先，也是人们感兴趣的话题。答案自然有许多，但以下几点是人们普遍认识到的。

小农经济束缚生产力发展是一个根本原因。中国古代文明是典型的农业文明，它以地主的土地所有制为经济基础，以自给自足的自然经济为主要形式。农民从地主那里租赁土地进行耕种，向地主缴纳地租。为解决生计，农民在从事农业生产的同时，又必须从事家庭手工业劳动。这种以家庭为单位的生产组织以及小农业和小手工业紧密结合的自给自足的小农经济，可在一定时期缓解社会矛盾并维持在低水平上发展。但在根本上，这种土地地主所有、经营条块分割和生产各自为战的局面，不利于社会分工的优化、生产规模的扩大和生产技术水平的提高。小农经济导致人们在思想上保守有余、进取不足。

君主专制制度的长期存在是一个重要原因。在一定时期，中央集权的君主专制制度对社会发展有促进作用，但这种制度的弊端又是十分明显的，其长期存在必然严重阻碍社会发展进步。在世界各国中，

这幅宋代绘画描绘了当时收割水稻的情景。

中国古代君主专制制度持续的时间可以说是最长的。分散的、一家一户的、自给自足的小农经济是君主专制制度长期存在的广阔沃土。同时，儒家思想文化产生于小农经济社会，是君主专制制度的精神支柱。一个值得注意的现象是，秦朝以后中国历朝历代都涌现出许多思想家，但他们绝大多数不是另立学派，而是致力于对儒家思想文化的阐发，为君主专制制度服务。此外，与专制制度相适应的权力体制十分完备，并在清朝时发展到了顶峰，这一制度以皇帝为中心，在中央和地方形成一套完整严密的庞大官僚体系。专制制度的长期存在使每个个体不能得到充分发展，全社会缺乏创造性和进取精神，导致发展滞后。

推行重农抑商政策是一个直接原因。没有商业和市场的发展，就不会有竞争和创造性。中国有句俗语说：民以食为天，食以粮为源。由于人口众多（尤其是清时，中国人口增长很快，1750年达2.5亿，1800年超过3亿，1850年时更达到4.3亿），在中国古代，农业历来

清时全家都参与经营的传统小店

都被视为立国的根本，而商业则被视为枝末，只是补充，甚至可有可无。在传统中国，商人社会地位相当低，长期受到鄙视。一位终身务农的人，会被认为是良民，而一位从事商业经营活动的人，则会被认为是奸商（指从事买卖活动有欺诈性）。历朝历代大都采取抑商政策，常以官办的方式垄断盐、铁、酒等行业，甚至将运输业、手工业等也限由官营，结果民间商业始终只能在夹缝中生长，举步维艰。重农抑商政策导致中国的商品经济长期得不到充分发展，资本、技术、人才等都不能得到较好运用。这也是中国社会发展与西方的最大不同点之一。

英国学者李约瑟（Joseph Needham，1900—1995）在他编著的《中国科学技术史》中提出过一个问题："尽管中国古代对人类科技发展作出了很多重要贡献，但为什么科学和工业革命没有在近代的中国发生？"这便是有名的"李约瑟难题"。上述分析，或许有助于人们对这个问题的理解。

鸦片带来的无穷灾难

鸦片，本是从一种植物中提取的毒品。久吸鸦片，不仅成瘾，而且严重危害身体健康，使人丧失劳动能力，甚至死亡。这种毒品与近代中国的命运息息相关。中国历史的发展因鸦片而发生转折，中国与外部世界的关系因鸦片而发生变化。鸦片引发了中国与英国等西方国家的战争。因战败，向西方国家割地赔款，中国逐步沦为半殖民地半封建社会。

向海外进行殖民扩张，是地理大发现后西方列强走的一条共同道路。首先向中国进行殖民扩张的是英国，利用的工具便是鸦片。1840年鸦片战争前的数十年间，如果按中英正常贸易计算，中国一直处于出超的有利地位。当时，由中国输往英国的货物主要是茶叶、生丝等，由英国输入中国的货物主要是毛织品和金属品。英国商人为更多地掠夺中国财物，牟取暴利，竟通过非法渠道向中国大量走私鸦片。

从 18 世纪初开始，英国商人便向中国输入鸦片，开始了罪恶的

清时吸食鸦片者

毒品贸易。从 19 世纪 30 年代起，在英国输入中国的货物中，鸦片一项竟占一半以上，且数量逐年增加：1823 年为 9035 箱（每箱装有约65 公斤毒品），1830 年为 19956 箱，1836 年约为 30000 箱，1838 年约为 40000 箱。据估计，1835 年时，全国吸食鸦片的人数在 200 万以上。随着鸦片进口的增多，吸食人数不断增长。

鸦片的泛滥极大地破坏了中国社会经济的发展，损害了人民身体健康，引起了清政府的高度关注。道光皇帝任命林则徐为钦差大臣，前往位于南方的对外贸易中心城市广州查禁鸦片。林则徐当时是这样表达他的查禁决心的："若鸦片一日未绝，本大臣一日不回，誓与此事相始终，断无中止之理。"在地方政府和人民的支持下，1839 年 6月 25 日，林则徐将从烟贩手中缴获的鸦片在虎门海滩当众销毁。这便是中国近代历史上有名的"虎门销烟"。

中国正义的禁烟斗争引起英国的强烈不满。英国商人要求政府立即发动对华战争，用武力迫使中国政府接受他们的条件，打开广阔的中国市场。1840 年 4 月，英国议会通过了发动对华战争决议案，悍然派兵侵略中国。这就是第一次鸦片战争。战争以清帝国的失败而告终。1842 年 8 月 29 日，在长江下游城市江苏南京，清政府代表与英国政府代表签订了近代中国历史上第一个不平等条约——《南京条约》。通过这个条约，英国从中国取得了许多权利：中国将香港岛割让给英国（直到 1997 年被中国收回）；中国开放广州、福州、厦门、宁波、上海五处港口为通商口岸；中国向英国赔款白银 2100 万两（相当于清政府全年财政收入的 1/3）；等等。英国还通过与清政府签订的《虎门条约》，取得了在中国的领事裁判权、片面最惠国待遇、居住和租地权等权利。此后，美国、法国等国也通过与清政府签订不平等条约得到了与英国相同的权利。

鸦片战争是近代中国与西方国家的第一次战争，也是近代中国历史的开端。此后的 100 多年间，中国陷入落后挨打的境地，战争、割地、

第二次鸦片战争中的最后一场会战：1860年八里桥之战（版画作品）

赔款，接连不断，以下是其中主要的几次。

——1856年，第二次鸦片战争。英国、法国为进一步打开中国市场，又一次发动侵略战争，中国再次战败。英法两国联军于1860年攻入北京，占领圆明园，大肆抢掠，并纵火焚毁。战争期间，1858年6月，中国被迫与英、法分别签订中英《天津条约》和中法《天津条约》，主要内容有：外国公使常驻北京；增开今天的营口、烟台、台南、淡水、汕头、琼州、汉口、九江、南京、镇江十处港口为通商口岸；对英赔款白银400万两，对法赔款白银200万两。此后，美国、俄国迫使中国签订中美《天津条约》和中俄《天津条约》，得到了与英国、法国在华同样的利益。

——1894年，中日甲午战争。发动这次侵华战争的不是西方国家，而是中国的近邻日本，中国又一次战败。按中国传统纪年，这一年是夏历（或农历）甲午年，故称甲午战争。战争发生在中国北部黄海，是近代历史上少有的一次大规模海战。这次战争中，清政府苦心经营多年并具有世界先进水平的北洋舰队几乎全军覆没。对日本来说，这是它经过1868年明治维新走上新的发展道路后的一次重要对外扩张行动，也是这个历史上曾长期向中国学习的近邻岛国第一次战胜中国。中国举国上下为之震惊。1895 年 4 月，在日本马关，清政府代表被迫与日本签订中日《马关条约》。条约规定：中国割让辽东半岛、台湾全岛及所有附属各岛屿和澎湖列岛给日本（此后日本对台湾进行了半个世纪的殖民统治，直到 1945 年中国人民取得抗日战争胜利才收回）；赔偿日本军费二亿两白银（相当于当时中国年财政收入的三倍，日本年财政收入的四倍）；增开今天的沙市、重庆、苏州、杭州四个通商口岸；允许日本人在中国通商口岸开设工厂。《马关条约》使中国的半殖民地化程度进一步加深。

——1900 年，八国联军侵华战争。俄国、英国、美国、日本、德国、法国、意大利、奥匈帝国等八国为维护和扩大在中国的利益，发动了这场战争，战争还是以中国失败而告终。此次战争，八国共动用兵力约 10 万，不仅攻占了天津等北方重要城市和地区，还占领了北京，迫使清政府逃往西安。八国联军在北京等地恣意屠杀，抢劫财物，焚烧房屋，致使百姓流离失所，灾难深重，中国大量典章文物、国宝奇珍惨遭洗劫。1901 年 9 月，清政府代表与八国联军各国及西班牙、比利时、荷兰共 11 国代表正式订立了中外条约。因这一年是中国农历辛丑年，该条约又被称为《辛丑条约》。条约内容涉及中国赔款，在

八国联军入侵北京（绘画作品）

"九一八事变"中，日军在沈阳城墙上向中国军队发动进攻。

北京设立"使馆区"并在使馆区内驻扎军队，准许外国派兵驻守从北京到山海关铁路沿线 12 个战略要地，永远禁止中国人成立具有反对外国人性质的组织，以及将办理对外事务的总理各国事务衙门改为外务部等。《辛丑条约》进一步加强了西方列强在中国的势力和影响。条约规定：清政府向各国赔款白银 4.5 亿两，以关税、盐税等作担保，分 39 年还清。加上年息 4 厘，本息共计 9.82 亿两。这就是习惯上所称的"庚子赔款"（八国联军发动战争的 1900 年是中国农历庚子年）。它是西方列强侵略中国以来索要数额最大的一笔赔款，清政府的财政由此陷于枯竭，并极大地加重了中国人民的负担。

——20 世纪 30 年代，日本发动全面侵华战争。1931 年 9 月 18 日，日本驻中国东北军队发动攻击沈阳城的"九一八事变"，并在几个月时间内占领东北辽宁、吉林、黑龙江三省。1937 年 7 月 7 日，日本侵略者以士兵失踪为由，在北京城外制造卢沟桥事变，发动全面侵华战争，中国大片国土沦陷，人民惨遭浩劫，中华民族面临灭顶之灾。日本法西斯侵略者每占领一地，便采取各种野蛮残暴手段，极尽烧杀、抢掠、奸淫之能事。日本侵略者在中国推行殖民统治政策，扶植傀儡政权，实行移民开发，展开文化侵略，掠夺资源财富。中国人民没有屈服，而是同仇敌忾，团结一致，共同对外。中国共产党和中国国民党以及各种爱国政治力量和派别，组成广泛的抗日民族统一战线，并联合美国、苏联、英国等世界反法西斯力量，进行了前后长达14年的抗日战争。1945年8月15日，日本侵略者宣布投降，中国人民取得了抗日战争的胜利。这是1840年以来中国人民反对外族入侵的第一次胜利。中国为此付出了巨大的民族牺牲。据统计，抗日战争期间，中国人民伤亡人数在3500万人以上，财产损失和战争消耗达5000多亿美元。

外国强加给中国的战争赔款统计表

时间	内容
1841 年	中国向威胁广州的英国支付 600 万两白银
1842 年	中国向英国支付 2100 万两白银
1858 年	中国向英国支付 400 万两白银 中国向法国支付 200 万两白银
1860 年	中国支付 1600 万两白银，其中一半赔给英国，另一半赔给法国
1862—1869 年	继传教士和中国居民之间的教案之后，赔款约 40 万两白银
1870 年	继天津教案后，中国向法国赔款 49 万两白银
1874 年	继日本侵台事件之后，赔款 50 万两白银
1878 年	向俄国赔款 900 万两白银
1881 年	中国为收回对伊犁河流域部分领土主权，向俄国支付 900 万两白银
1895 年	甲午战争战败之后，向日本赔款 2 亿两白银
1897 年	作为日本军队撤出辽东半岛的条件，向日本赔款 3000 万两白银
1901 年	向西方列强赔款 4.5 亿两白银
1922 年	作为日军撤出山东胶州的代价，向日本赔款 6600 万金法郎

资料来源：〔法〕谢和耐《中国社会史》，中国藏学出版社 2006 年第 1 版。

从开眼看世界到寻求自强

中国人对西方世界的重新认识始于鸦片战争的失败。鸦片战争的失败，使一些先进的中国人痛感中国在技术上已落后于西方，必须追赶，寻求自强。他们开始寻找救国救民真理，探索中国的近代化发展道路，经历了从技术上向西方学习的办洋务，从制度上向西方学习的体制改良和革命，从文化思想上进行改造的运动，直至中国共产党登上历史舞台，领导新民主主义革命取得胜利，建立中华人民共和国。经过 100 多年的不懈奋斗，中国终于走上了新的发展道路。

林则徐是近代中国开眼看世界的第一人。鸦片战争前，林则徐和大多数清朝官员一样，对中国以外的世界知之甚少。在受命处理鸦片事务时，他开始了解研究西方国家情况，观念发生转变，提出了"师敌之长技以制敌"的思想。他组织翻译外国报纸和书籍，包括英国人慕瑞励所著《四洲志》（原书 1836 年在伦敦出版）等著作，向中国人介绍西方国家的历史、地理、经济、法律、军事、技术、科学、文化等方面的情况。魏源是继林则徐之后又一位力主向西方国家学习技术的清朝官员。他反对盲目自大，批判拒绝学习西方"长技"的保守思想，主张借鉴西方技术，并明确提出"师夷人之长技以制夷"的主张。他在林则徐主持编译的《四洲志》的基础上，增补大量资料，完成了著名的《海国图志》，详细介绍了世界各国的地理、历史和现状，对开阔中国人的眼界产生了较大影响。

19 世纪 50—60 年代，清朝统治出现新的危机。1851 年，农民运动领袖洪秀全领导"太平军"在西南广西桂平金田村起事，建号"太平天国"，并迅速发展壮大。1853 年，"太平军"占领南京，改南京为天京，定为都城，正式建立与清政府对峙的政权。1860 年以后，清政府全力镇压太平天国。1864 年，清军攻陷天京，太平天国运动失败。

在镇压太平天国运动的过程中，曾国藩、李鸿章、左宗棠、张之洞等一批清朝的重要官员，为使清王朝的统治得以继续，将林则徐、魏源等向西方学习技术的思想付诸实践，办起了"洋务"，开始"自强新政"，并将这一发展模式界定为"中学为体，西学为用"。因为是向西方学习，而西方又被认为是"洋人"的世界，所以中国历史上这场运动又被称为"洋务运动"。

清政府办洋务时间跨度长达30多年，涉及内容广泛。

——设置与外国打交道的外事机构。1861年1月，清政府正式成立"总理各国事务衙门"（简称总理衙门），主管对外交涉和通商、关税等事务；之后又设立南洋通商大臣和北洋通商大臣，分别主管南方（长江以南和长江流域）和北方沿海省份的通商和对外交涉事务。同时，清政府还于1861年成立总税务司，设正、副总税务司各一人，由西方人担任，负责管理全部海关税务。英国人赫德掌管总税务司长达48年。

1872年中国清政府派遣的首批赴美留学幼童

洋务企业

——开办学堂和派遣留学生。中国近代教育始于洋务运动。从 19
世纪 60 年代起,清政府开办了一批学习"西文"(西方国家语言文字)
和"西艺"(西方国家技术)的新式学堂,培养各类洋务人才。1862 年,
一个被称为"同文馆"的学堂在北京成立,美国人丁韪良被任命为同
文馆第一任校长,且总管校务长达 32 年。据统计,洋务官员共创办
各类新式学堂 20 多所,培养了一批外语、工程、电报、轮船、矿务、
武器、医学等方面的人才。中国近代第一批赴欧美留学生也是在办洋
务过程中派出的。

——训练新式军队和建设军事工业。洋务官员认为,中国的典章
制度远远超过西方,只有"火器"不如人,只要学习外国先进的军事
技术,中国就可以强大起来。自 1861 年到 19 世纪末,洋务官员在全
国创办的军事工厂(局)有 20 多所,主要制造枪支、火炮、弹药,

同时也生产钢铁和制造轮船。中国近代工业由此发端。

——兴办近代民用工业。洋务官员以"求富"为宗旨，把"求强"与"求富"结合起来。自19世纪70年代到90年代，洋务官员共兴办民用企业20多个，集中在采矿、冶炼、纺织等工矿业和航运、铁路、电讯等事业。

洋务运动是中国近代经历了两次鸦片战争失败后第一次主动向西方学习的社会运动，也是一次在统治集团体制内进行的工业化运动。由于这一运动只限于技术层面，其局限性是十分明显的。中国在中日甲午战争中的失败也宣告了洋务运动的破产。历史表明，仅靠办洋务是解决不了中国的根本出路问题的。

经过洋务运动，中国人对世界的看法真正发生了改变。1840年鸦片战争前，西方人来到中国，清政府的官员十分蔑视，不愿与他们打交道，只命令商人与之接触。而一些与外国人打交道的人，也很让人看不起。由于对外面世界知之甚少，清政府没有人肯出国办外交，一直到1876年才派遣本国人做驻英法等国公使。经过几十年办洋务，东西方接触日益增多，中国人对待外部世界的观念也发生了变化。在普通中国人眼中，西方人也由过去的"夷人"（带有轻蔑之意）逐步变为"洋人"（带有推崇之意）。

建立近代国家的努力

洋务派官员惨淡经营的北洋海军在1894年中日甲午战争中几近全军覆灭，以及中华民族面临的严峻生存危机，使一部分先进的中国人对国家的发展路向作了进一步思考：仅靠学习西方技术难以实现富强，不能改变中国挨打的命运，必须从制度入手，实行维新变法，建设先进国家。19世纪末和20世纪初的戊戌变法运动和辛亥革命由此发生。

戊戌变法运动，又称维新变法运动，因主要活动发生在中国农历戊戌年（1898）而得名。这是一场帝制改良运动，试图通过走英国"光荣革命"和日本"明治维新"那样的道路，对清政府专制体制进行一定的改造，既保留君主制的体统，又实行议会内阁制，使皇权和行政权分开。这场运动的舆论领袖是康有为和他的学生梁启超。他们宣传西方社会政治学说，推崇进化论思想，严正驳斥封建顽固思想和洋务派只向西方学习技术而不进行维新变法的做法。这场变法旨在改变千年以来的专制体制，这为中国传统文化和社会所难以接受。为制造变法维新的理论根据，康有为在他的著作中把近代西方的民权、民主、平等等思想和议院、选举等政治规则都说成为孔子所创，并把自己打扮成孔子道统的真正继承者。

1895 年 4 月，康有为联合在北京参加应试的举人（经过科举考试取得功名者的一种称谓）1300 多人，上书光绪皇帝，提出发展近代工业和实行君主立宪制度的要求，这便是在中国近代史上有重要影响的"公车上书"事件。这一事件的发生表明知识阶层开始成为救亡运动的主流。康有为等人的维新变法主张得到皇帝的支持，但遭到握有大权的慈禧太后等顽固守旧势力的敌视和反对。以慈禧为代表的顽固派坚持"祖宗之法不可变"，声称"宁可亡国，不可变法"，认为民权之说"无一益而有百害"。1898 年 6 月 11 日，光绪皇帝颁布"明定国是"诏书，宣布变法。从这一天起，到 9 月 21 日慈禧太后发动政变，废除"新政"，历时 103 天，所以中国史书又称之为"百日维新"。

戊戌变法以失败而结束，但经过此次运动，近代西方民主思想在中国得到初次传播。戊戌变法的失败，也宣告了在中国不可能走英国或日本式的君主立宪道路。通过革命推翻帝制，成为中国挽救危亡和建立近代国家的新选择。担负起这一历史任务的是孙中山及其领导的革命派。

孙中山于 1866 年出生在中国南方的广东省香山县（今广东省中

山市）。这一地区对外开放较早，与外界接触较多。孙中山的哥哥早年远赴檀香山（今美国夏威夷州首府）发展，并成为华侨资本家。孙中山少年时即投奔哥哥，并在哥哥资助下接受完全的西方教育，包括自然科学知识和社会政治学说，产生了"改良中国"的愿望。1894年，孙中山联合一些革命志士，成立了革命团体——兴中会（意即复兴中国），发誓推翻清朝专制统治，建立民主共和国家。

19世纪末20世纪初，中国的救国运动风起云涌，各种革命团体相继出现，并产生组建全国性革命政党的要求。1905年8月，孙中山联合黄兴、宋教仁等革命团体领袖，在日本东京成立"中国同盟会"（简称"同盟会"，后来的中国国民党即由此而来），设本部和国内

广州中山纪念堂

1913年4月8日，中华民国第一届国会在北京举行开幕典礼。

外九个支部，使之成为一个全国性的革命政党。孙中山在为同盟会机关刊物《民报》写的发刊词中，将同盟会的十六字纲领（"驱除鞑虏，恢复中华，创立民国，平均地权"）归纳、阐发为民族、民权、民生三大主义，即"三民主义"。民族主义包括"驱除鞑虏，恢复中华"两项内容，就是推翻清王朝，使中国成为独立的国家；民权主义的内容是"创立民国"，即推翻专制制度，建立近代西方式民主共和国家；民生主义的内容为"平均地权"，即对土地核定地价，把革命成功后因社会经济发展而增长的地价收归国有，为国民所共享，并逐步由国家向地主收买土地。这一思想主要在鼓动推翻帝制和创立民国，因此又被称为"旧三民主义"。

同盟会的成立和三民主义思想的提出，预示着中国革命的一个新阶段即将到来。经过多年的组织、思想、舆论准备，终于酿成1911年10月10日在中国中南部重镇武昌（武汉的一部分）爆发的武装起义，并继而引发全国范围内的辛亥革命（1911 年为中国农历辛亥年）。辛亥革命以其迅猛洪流冲垮了清王朝的封建统治。1912 年 1 月 1 日，经 17 省代表选举，孙中山在南京宣誓就任临时大总统，宣告中华民国临时政府成立，并以 1912 年为民国元年，改用公历。接着，临时参议院成立，作为立法机关。此时，中国的北方仍然为清王朝势力所控制。为结束南北对立，尽快建立一个统一的共和政权，南方向北方作出让步，以清帝退位等为条件，将临时大总统职位交给清朝重臣袁世凯。1912 年 2 月 12 日，清帝宣布退位。4 月 1 日，孙中山正式解除临时大总统的职务。4 月 2 日，临时参议院决议将临时政府迁往北京，而不是留在孙中山等人早先希望的南京。至此，在中国这个古老的东方国家，持续了 2000 多年的君主专制制度终于瓦解，一个具有近代意义的民主共和国家初步构建起来。

此后，中国的南方和北方处于不同势力控制之下，革命党人的活动基本在南方（以广东为中心），由清朝军人转变而来的军阀势力（又称北洋军阀）基本在北方，直到 1928 年南京国民政府统一全国。

新的文化启蒙运动

任何一个社会的进步，说到底都是思想文化的进步。近代中国思想文化的发展，是与救亡运动相伴而行的。救亡的过程，也是启蒙的过程。

建立在自然经济基础之上的中国古代思想文化，在根本上是不适应近代社会生产力发展要求的。在君主专制社会里，人们受到君权、神权、族权、夫权的严重压抑，根本谈不上自由、平等。打破旧的文化，倡导新的文化，是中国近代化的必然要求。

近代中国的启蒙运动始于 19 世纪末的维新变法时期。维新派人士在宣传变法思想时，把介绍近代西方思想文化作为一项重要内容，希冀以此改变中国人思想观念的落后状况，开启民智。他们大量翻译出版介绍西方社会政治学说的图书，其中影响最大的是严复翻译的《天演论》（即英国生物学家赫胥黎的《进化论与伦理学》）。赫胥黎在书中用达尔文关于生物进化的原理解释社会发展规律和人与人之间的关系，认为"物竞天择，适者生存"的生物进化规律同样可以用来解释人类历史的发展。在人类社会里，人与人之间以及种族与种

《天演论》扉页严复像

族之间，也同生物一样相互竞争，只有最适宜生存的，才能生存下来。这种理论成为西方列强推行海外扩张政策的依据。但从挽救民族危亡的立场出发，在面临被列强瓜分的危急时刻，这一理论也能够激励中国人救亡图存。按照这一理论，中国只有变革，才能变弱为强，否则就会被淘汰。

20世纪初辛亥革命时期，以孙中山为代表的革命家，奉近代西方民主思想为圭臬并大力宣传，掀起了一场以宣传民主共和思想为中心的文化启蒙运动。他们指出，在革除专制、建立共和已成为大势所趋和人心所向的历史条件下，落后民族和国家的革命必然选取先进的民主制，有着几千年历史的中华民族，绝不会没有实行民主共和的能力。孙中山本人甚至对西方"三权分立"学说作了发展，提出"五权宪法"（在行政、立法、司法三权基础上又增加考试、监察两权）主张，强调通过考试录用官员和对官员实行监督。1912年中华民国创建后，孙中山等人利用政权的力量，公开、合法地大力宣传自由、平等、博爱

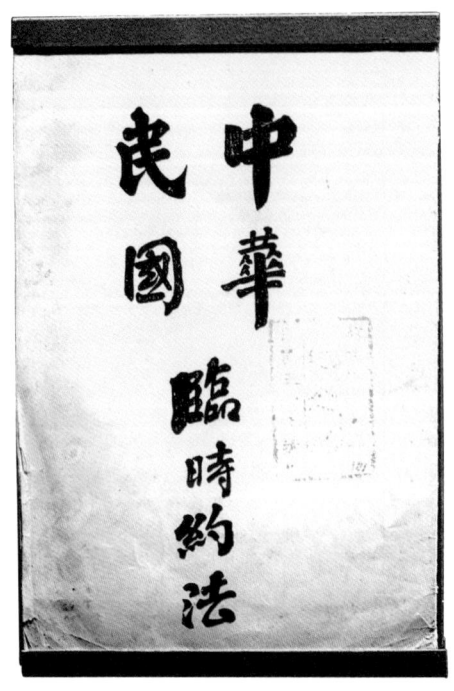

《中华民国临时约法》书影

等思想主张，并通过制定《中华民国临时约法》，力图将西方国家一系列民主宪政原则以国家根本大法的形式在中国确立起来，使民主共和成为新国家每个公民的意志。

辛亥革命推翻了君主帝制，使民主共和思想进一步深入人心，但在一个有2000多年专制文化传统的国家，民主共和之路不可能是一条坦途。1916年，已就任中华民国大总统的袁世凯公然称"中华帝国"皇帝，开历史倒车，遭国人讨伐，在做了83天皇帝美梦后忧惧而死。这也说明，彻底清除旧的思想文化的影响，仍是一项重要历史使命。

以1919年五四运动的爆发为标志，中国的启蒙运动进入新阶段。在此前后，以陈独秀、李大钊、鲁迅、胡适等为代表的一批激进民主主义者，高举"民主""科学"大旗，通过创办《新青年》杂志等活动，发起了一场新文化运动，向旧文化发起了猛烈进攻。至此，中国近代的思想文化启蒙运动达到了一个高潮。

20世纪20年代前后的新文化运动时期，激进的民主主义者历数当时中国社会的黑暗，痛陈专制制度的罪恶，号召青年一代充分认识中国在世界上的地位，以求实和进取的精神，为战胜恶社会而自觉奋斗。新文化运动的战士们将"人权"与"科学"并提，倡导人权平等和科学精神，否定"君权神授""祸福天定"等谬论，反对统治者愚民政策。针对当时存在的尊孔复古逆流，陈独秀把批判锋芒直接指向作为专制制度支柱的儒家学说，认为这种封建主义的宗法纲常体系和民主共和制度是根本不相容的。

反对旧文学，提倡新文学，是新文化运动的一项重要内容。学者胡适等人发出"文学革命"的号召，提出改革文学体裁和形式，反对文言文，提倡白话文。鲁迅用他的文学作品对儒家旧的

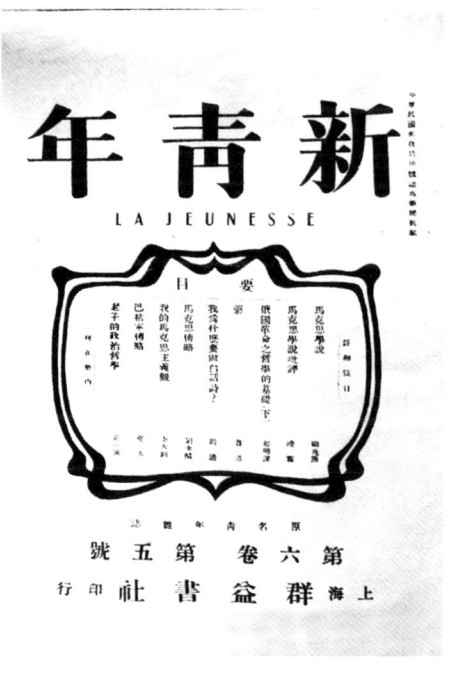

《新青年》书影

伦理道德展开批判，发表《狂人日记》《阿Q正传》等小说和杂文，使新文化运动的反封建斗争达到了前所未有的深度。

正当中国的新文化运动呈如火如荼之势时，传来了1917年俄国十月革命胜利、劳动人民翻身解放的消息，这对于如饥似渴般寻求救国真理的中国人民来说，无疑是雪中送炭，欣喜之情不难想象。于是，歌颂俄国十月革命，宣传马克思主义，主张中国走俄国十月革命道路，成了新文化运动的最强音。中国出现了李大钊、陈独秀、毛泽东、周恩来等一批具有初步共产主义思想的知识分子。

国民革命运动的起伏

辛亥革命虽然推翻了清王朝的君主专制制度，但西方列强依然对中国进行着殖民统治，人民的权利仍旧无法得到保障。

破坏共和的事件接连发生。先有暗杀内阁第一大党总理事件发生（1913年3月国民党负责人宋教仁在上海遇刺身亡），孙中山为此发动了"二次革命"（意为完成辛亥革命未竟事业）；继有1916年袁世凯复辟帝制事件，孙中山等人发起护国运动，意在维护中华民国体制；后有北洋军阀毁弃《临时约法》事件，孙中山等人两次发起护法运动。一时间，议会制、总统制、内阁制，在中国轮番登场，但都没能解决中国的问题，反而成为军阀政客借用的招牌。

上述事实使孙中山深感中国革命的任务还没有完成，还要继续努力。他认为革命之所以出现反复，关键是缺少一个领导革命通向胜利的坚强有力的政党。他决定"以俄为师"，采取联俄、联共和扶助农工三大政策，并重新解释三民主义，将反对帝国主义侵略和"节制资本"作为重要内容。1924年1月，经过充分准备，中国国民党第一次全国代表大会在南方的广州举行。此次会议，孙中山仿照俄共模式建党，完成了对中国国民党的改造，强调"以党建国""以党治国"，并吸

黄埔军校旧址

纳中国共产党人加入国民党，开始了第一次国共合作。国民党一大后，孙中山参照苏联红军学校建制，于1924年5月创办了中国国民党陆军军官学校，因校址设在广州市郊的黄埔岛上，又称黄埔军校。

1924—1927年间，在国共两党的合作和努力下，中国的国民革命运动出现新发展。工人运动和农民运动出现高潮，广东革命根据地得到统一，国民政府在广州成立，国民革命军实施了北伐。1925年3月12日，中国民主革命的先行者孙中山因病在北京逝世。孙中山的去世使国民党内出现权力真空，各派为争夺领导权展开斗争，并出现反对国共合作论调，鼓吹"清党"（清除国民党内的共产党员）。1927年4月和7月，在国民革命军北伐节节胜利的凯歌声中，掌握国民党军权和党权的蒋介石、汪精卫开始"清党"，第一次国共合作失败。

1927年4月18日，国民党南京国民政府成立。1928年4月，南京国民政府宣布继续北伐。6月上旬，国民政府军队开进北京，历时16年、由北洋军阀控制的北京政府垮台。6月15日，南京国民政府发表宣言，宣称全国统一已告完成。12月29日，东北地方当局宣布"服从国民政府，改旗易帜"。至此，国民党在南京建立的政权形式上统一了全中国。

1931年日本制造"九一八事变"后，由于南京国民政府采取不抵抗政策，中国大片国土沦陷，中国人民的抗日民主运动也逐步高涨起来。1935年日本侵入中国华北后，中华民族陷入新的危机。1936年12月12日，国民党爱国将领张学良、杨虎城在西安发动"兵谏"，逼蒋介石抗日，这便是著名的"西安事变"。经中国共产党和各方的共同努力，事变得到和平解决，这为国共等党派合作抗日奠定了基础。1937年7月7日，日本侵略者发动全面侵华战争后，国民政府宣布对日作战，并接受了中国共产党关于国共合作的主张，开始了第二次国共合作。中国战场是第二次世界大战反法西斯战争的主要战场，牵制了日本法西斯2/3的兵力，有力地支持了欧洲和太平洋战场上的反法

1937 年在长城上与日本侵略军作战的八路军（沙飞摄）

西斯战争。由于中国人民抗日战争在世界反法西斯战争中发挥了重要作用，此后成立的联合国将中国选为安理会五个常任理事国之一。

1945 年 8 月 15 日，中国人民抗日战争取得了最后胜利。此后，中国共产党与中国国民党为建立一个民主还是专制国家，展开了激烈的政治和军事斗争。

中国共产党领导建立新中国

1919 年 5 月 4 日，北京发生了以青年学生为主体的抗议北洋政府卖国行径的游行示威活动。随后，全国许多城市爆发了支持北京学生爱国行动的游行活动，并演变成罢工、罢市、罢课斗争。这便是在中国近代历史上有划时代意义的"五四运动"。中国工人阶级从此登上政治舞台，两年后，其政治代表中国共产党诞生。

在中国最早酝酿筹建共产党组织的是陈独秀和李大钊，他们首先在上海、北京等地发起筹建了中国共产党基层组织。1921 年 7 月 23 日，中国共产党第一次全国代表大会在上海举行（后以 7 月 1 日为中国共产党成立纪念日），出席代表 12 人，代表全国 50 多名党员。大会讨论了中国共产党党纲，确定党的名称为"中国共产党"。中国共产党的成立是中国历史上一件大事，从此，作为中国先进力量的工人阶级有了自己的政党，灾难深重的中国有了希望。

中国共产党诞生后，确立了在中国建立"真正民主共和国"的任务，通过与中国国民党开展合作，建立民主的联合战线，共同反对帝国主义、封建主义等革命对象。1924—1927 年，国共合作的国民革命蓬勃发展。1927 年蒋介石"清党"后，中国共产党领导的革命运动陷入低潮。1927 年 8 月 1 日，"南昌起义"爆发，中国共产党开始创建自己的军队。此后，以毛泽东同志为主要代表的中国共产党人开辟了以农村包围城市并最终夺取城市的中国革命正确道路，并通过开展土地革命，在农村建立根据地，发展壮大革命力量。1927—1937 年，中国共产党领导的在井冈山等农村地区建立的政权与国民党领导的城市政权进行了长达十年的对峙。1934 年 10 月到 1935 年 10 月，中国共产党领导的工农武装力量实行大规模战略转移，进行了人类历史上罕

2021 年 7 月 1 日晚，上海举行庆祝中国共产党成立 100 周年文艺晚会，中共一大纪念馆前的文艺演出与大剧院主会场的文艺演出同步推进。

见的二万五千里长征，其间于 1935 年 1 月在贵州遵义召开重要会议，史称"遵义会议"，确立了毛泽东在中国共产党内的领导地位。

1937 年全面抗战爆发后，中国共产党与中国国民党进行了历史上第二次合作，共同抗击日本侵略者，直至 1945 年中国人民抗日战争取得最后胜利。抗日战争初期，以毛泽东为代表的中国共产党人分析了中日战争的基本特点和发展规律，阐明了抗日游击战略方针，指出人民战争是争取抗战胜利的唯一正确道路。中国共产党很好地执行了抗日民族统一战线政策，发展进步力量，争取中间力量，孤立顽固势力，确保了中华民族和中国人民的根本利益。同时，中国共产党领导开辟了敌后战场，建立抗日根据地，并使敌后战场成为抗战中后期的主要战场，牵制并消灭了大量侵华日军。抗战期间，毛泽东和中国共产党人还完善了领导中国革命的基本理论——新民主主义革命理论，认为现阶段的中国革命是新民主主义革命，新民主主义革命胜利后，中国既不可能成为西方式国家，也不可能进入社会主义社会，而是建立新民主主义国家。

1945 年 4 月到 6 月，在中国人民抗日战争即将取得最后胜利的时刻，中国共产党在延安召开了第七次全国代表大会。此时的中国共产党已经成为一个拥有 90 多万党员、领导 120 万武装力量、拥有大片根据地的全国性政党。中共七大为中国革命的胜利作了思想、组织准备，提出中国革命的前途和命运是："废除国民党法西斯独裁统治，实行民主，巩固和扩大抗日力量，彻底打败日本侵略者，将中国建设成一个独立、自由、民主、统一、富强的新国家。"

抗日战争胜利后，中国人民普遍希望以此为转机建设一个独立、民主、团结、富强的新中国，但以蒋介石为首的国民党政权坚持内战和独裁的政策，企图消灭中国共产党领导的人民军队和解放区。中国共产党力主和平民主，与国民党蒋介石集团展开斗争。1945 年 8 月至10 月，国共两党在重庆举行谈判，签订"双十协定"，但蒋介石很快

中国人民政治协商会议第一届全体会议会场

撕毁协定。1946年6月，国民党军队对中国共产党领导的解放区发动
进攻，全面内战爆发。中国共产党团结全国民主进步力量，向国民党
军队发起反击，并取得军事上的主动权，展开战略决战，最终打败国
民党蒋介石集团，迫使其败退台湾。

　　1949年9月21日，中国人民政治协商会议第一届全体会议在北
京开幕，中国共产党与各党派等方面代表出席。毛泽东主持会议并宣
布：占人类总数四分之一的中国人从此站立起来了，中国人被人认为
不文明的时代已经过去了。10月1日，毛泽东在天安门宣布中华人民
共和国中央人民政府成立。从此，一个新中国展现在世人面前。

第六章　新中国的探索与改革开放

　　经过鸦片战争后一个多世纪的屈辱和清朝灭亡后约37年的时间，中国人民准备接受一个能够实现强大政府、国家团结和真正独立的革命运动。许多人对共产党的计划感到担忧，更多的人对此一无所知。但大多数人愿意看到中共实现毛泽东充满信心的宣言中所蕴含的承诺——"中国人民从此站起来了！"他们愿意为实现这个诺言作出巨大牺牲，也愿意在建立一个强大国家的名义下不计个人得失。在所有中国人对未来的期盼中，中国共产党获得了空前的支持。

　　——［美］李侃如（Kenneth Lieberthal）《治理中国：从革命到改革》

新中国从一穷二白开始

中华人民共和国的建立，开辟了中国历史的新纪元。从新中国成立到1956年基本完成社会主义改造，中国不仅完成了新民主主义革命，开展了大规模建设，而且建立起社会主义基本制度，为当代中国发展进步奠定了根本政治前提和制度基础。

1949年9月21日至30日，中国人民政治协商会议第一届全体会议在北平中南海怀仁堂召开。这次会议通过了《中国人民政治协商会议共同纲领》（即《共同纲领》）、《中国人民政治协商会议组织法》、《中华人民共和国中央人民政府组织法》等重要文件。《共同纲领》确定了新中国的国体——"中华人民共和国为新民主主义即人民民主主义的国家，实行工人阶级领导的、以工农联盟为基础的、团结各民主阶级和国内各民族的人民民主专政，反对帝国主义、封建主义和官僚资本主义，为中国的独立、民主、和平、统一和富强而奋斗。"《共同纲领》还确定了新中国的政体——"国家最高政权机关为全国人民代表大会。全国人民代表大会闭会期间，中央人民政府为行使国家政权的最高机关。""各级政权机关一律实行民主集中制"。9月27日大会通过的《中华人民共和国国都、纪年、国歌、国旗的决议》规定：中华人民共和国首都定于北平，自即日起，改名北平为北京；中华人民共和国的纪年采用公元；在国歌未正式制定前，以《义勇军进行曲》为国歌；国旗为五星红旗，象征中国革命人民大团结。9月30日，大会选举毛泽东为中华人民共和国中央人民政府委员会主席，选举朱德、

1949 年 10 月 1 日，毛泽东主席宣告中华人民共和国中央人民政府成立。

刘少奇、宋庆龄、李济深、张澜、高岗为出副主席，选举政府委员 56 人。

10 月 1 日下午 3 时整，开国盛典在首都北京隆重举行。毛泽东主席在天安门城楼上庄严宣告：中华人民共和国中央人民政府成立了！"本政府为代表中华人民共和国全国人民的唯一合法政府。凡愿遵守平等、互利和互相尊重领土主权等项原则的任何外国政府，本政府均愿与之建立外交关系。"同一天，中国已经解放的各大城市也举行了热烈隆重的庆祝活动。

中国人民欢庆新中国的诞生，满怀豪情地投入建设自己国家的伟大事业之中。但新中国是建立在旧中国经济、文化极端落后的基础之上的，中国人常用"一穷二白"四个字来形容新中国成立时起点之低。

就 20 世纪 30 到 40 年代的发展水平而言，当时中国的现代工业在国民经济中所占比重只有 10% 左右，而农业和手工业却占了 90% 以上，可以说新中国成立时还是一个落后的农业国家。

1949 年中国人口已是世界第一，以人均计算，主要工农业产品在世界均排名近乎最后。

通过土改，农民分得了土地。

1949年10月新中国成立时，机械工业几乎等于零，飞机、汽车、拖拉机、大型机械均不能制造。文化教育同样落后，全国文盲占人口总数的80%。医疗水平十分落后，人均寿命只有35岁。新中国面对的是旧政权留下的满目疮痍。

新中国成立伊始，人民政府和作为执政党的中国共产党便把主要精力用于巩固政权和发展经济。为巩固新生的政权，新中国对国民党政权在大陆的残余势力进行了清除，开展了镇压反革命运动，作出了"抗美援朝、保家卫国"的战略决策，并赢得了抗美援朝战争的胜利。到1951年10月，省、市、县、乡等几级地方人民政府在全国范围内建立起来，并在少数民族聚居区逐步实行民族区域自治，结束了国家长期分裂和混乱的局面。在经济方面，政府没收旧中国的国家垄断资本经济为国有（约占全国工业资本的66%），建立起社会主义性质的国营经济。新中国成立时面临的严重困难之一，是投机资本横行，经济秩序混乱，市场物价不断上涨。为此，国家采取打击投机资本、加强市场管理、稳定物价、统一全国财政收支等措施，使财政经济状况逐步好转。

新中国在全国范围内开展了土地改革运动。旧中国的土地制度极不合理，占乡村人口不到10%的地主、富农占有70%—80%的土地，而占乡村人口90%的农民却只占有20%—30%的土地。地主通过占有土地对农民进行地租剥削，并通过高利借贷等手段榨取农民的血汗。土地改革彻底结束了封建地主土地所有制，解放了生产力，使3亿多无地少地的农民得到了耕地，极大地调动了广大农民的生产积极性。

新中国向旧社会的遗毒展开清除行动，主要是禁止贩毒吸毒、取缔卖淫嫖娼和聚众赌博等社会丑恶现象。鸦片给中国和中国人民带来巨大灾难。鸦片战争后的100多年间，烟毒愈演愈烈，直到新中国成立初期，仍有蔓延之势，全国吸毒人数达2000万人，个别地方有近四分之一的人吸食鸦片。人民政府有步骤地开展禁烟工作，到1952年底，为害一个多世纪的烟毒被基本禁绝。在旧中国，妓女是整个社

1952年国庆节，首都人民游行庆祝国民经济恢复任务胜利完成。

列席中共八大的各国代表团在大会上。

会中最为悲惨的人群。人民政府采取有力措施，封闭妓院，取缔嫖娼，改造妓女。

经过新中国成立后三年多的艰苦工作，国民经济得到恢复和初步发展。1952年，工农业总产值达到810亿元人民币，比1949年增长77.6%，平均每年增长20%左右。主要工农业产品的产量均超过新中国成立前的最高水平。人民生活普遍得到改善，同1949年相比，1952年职工工资平均提高70%，农民收入增长30%。在国民经济全面恢复的基础上，中国人民从1953年起开始进行大规模的经济建设。鉴于新中国成立后三年多的建设成就，中国共产党改变了原来准备经过相当长时间向社会主义过渡的设想。1952年9月，毛泽东提出，用10—15年的时间基本完成向社会主义的过渡，过渡的主要任务就是基本上完成国家工业化和对农业、手工业、资本主义工商业的社会主义改造。

实现国家工业化，是中国人民近百年梦寐以求的美好目标。中央政府提出了发展国民经济的第一个五年（1953—1957）计划，确定兴建包括钢铁、飞机、机床、汽车、石化等156个工业项目，开始了大规模工业建设。到1957年底，计划的各项指标都大幅度地超额完成。1957年，工农业总产值达1241亿元人民币，按可比价格计算，比1952年增长56.9%。重工业主要产品的产量大幅度增长，旧中国重工业基础十分落后的局面有了明显改观。

从1953年开始，中国全面开展了对农业、手工业和资本主义工商业的社会主义改造。其任务是：把资本主义工商业私人所有制改造成为全民所有制，把以农民和手工业者个体劳动为基础的私人所有制改造成为劳动群众集体所有制。到1956年，生产资料私有制的社会主义改造已经基本完成。在国民经济中，全民所有制和劳动群众集体所有制这两种形式的公有制经济，已经居于绝对主导地位，社会主义经济制度在中国确立起来。

1954年，第一届全国人民代表大会第一次会议在北京举行，来自全国的1226名代表出席。此前在全国范围内由人民通过普选的方法产生了乡、县、省（市）各级人民代表，并召开各级人民代表大会。此次会议制定了《中华人民共和国宪法》，讨论和通过了政府工作报告，选举了新的国家领导机构人员。大会选举毛泽东为中华人民共和国主席，刘少奇为全国人大常务委员会委员长，决定周恩来为国务院总理。《中华人民共和国宪法》规定：中华人民共和国是工人阶级领导的、以工农联盟为基础的人民民主国家；中华人民共和国的一切权力属于人民；人民行使权力的机关是全国人民代表大会和地方各级人民代表大会；中华人民共和国全国人民代表大会是最高国家权力机关，是行使国家立法权的唯一机关；国务院，即中央人民政府，是最高国家权力机关的执行机关，是最高国家行政机关。新中国的政治制度由此确立。

社会主义建设探索和曲折

1956 年，社会主义改造完成与社会主义基本制度确立之后，摆在中国共产党人和全国人民面前的一个新课题，就是中国建设社会主义的道路究竟应当怎样走。

新中国成立初期，中国比较注重学习苏联经验。当时，苏联是与中国交往的最先进的工业国。中国向苏联学习取得了不少积极成果，但历史表明，苏联的经验并不都是成功的，在苏联成功的经验也未必都适用于中国。1956 年 2 月举行的苏共第二十次代表大会揭露出苏联社会主义建设中出现的严重错误后，毛泽东号召全党要独立思考，根据本国的情况办事，不能一切照搬苏联的经验，必须努力探索在中国建设社会主义的道路。

1956 年 4 月，毛泽东发表题为《论十大关系》的报告。这篇报告的宗旨是调动国内外一切积极因素，为社会主义建设事业服务。报告在初步总结中国社会主义经济建设和借鉴苏联经验的基础上，提出了若干新的方针，试图开辟一条与苏联有所不同的工业化道路。例如，关于在经济建设中如何处理农业、轻工业和重工业之间的关系，毛泽东认为，苏联片面强调重工业，造成了农、轻、重之间的不平衡，今后中国的经济计划应吸取这一教训，重视发展农业，适度发展轻工业，注重改善人民生活。报告还论述了如何处理国家、生产单位和生产者个人三者之间的关系，中央与地方的关系，汉族和少数民族的关系，党和非党的关系，中国与外国的关系等一系列重要问题。

《论十大关系》提出的许多重要方针和观点，对于后来国家的发展具有重要意义。正如毛泽东所说，前几年搞建设主要是照搬外国经验，《论十大关系》开始提出中国自己的建设路线，有了自己的一套内容。

1956 年 9 月，中共八大召开。这次会议第一次提出，社会主义改造完成后，国内主要矛盾已经是人民对于建立先进的工业国的要求同落后的农业国的现实之间的矛盾，已经是人民对于经济文化迅速发展的需要同当前经济文化不能满足人民需要的状况之间的矛盾。因而，党和全国人民的主要任务，就是集中力量解决这个矛盾，把中国尽快地从落后的农业国变成先进的工业国。为此，中共八大确定了经济、政治、文化等工作方针。应该说，这次会议制定的路线是正确的，提出的许多新方针和设想是富有创造性的，也是建设中国自己的社会主义道路的一次成功探索。

这一时期，在科学文化工作中，中共中央提出"百花齐放、百家争鸣"的方针，以充分调动知识分子的积极性；在统一战线工作中，中共中央将"长期共存，互相监督"确定为共产党同民主党派关系的基本方针。1957 年 2 月，毛泽东又发表了《关于正确处理人民内部矛盾的问题》的讲话。他强调要区分敌我矛盾和人民内部矛盾这两类性质根本不同的矛盾，对于人民内部矛盾只能用民主的和说服教育的方法解决。这些重要思想和方针提出后，受到社会各界人士的热烈欢迎，党内和社会上一时间出现了十分活跃的民主气氛。

然而，在中国这样一个幅员辽阔、人口众多、经济文化落后、地区发展很不平衡的大国建设社会主义，是一项十分艰巨而又异常复杂的任务。在领导中国社会主义建设的开端，中国共产党人希望少走弯路。在最初的探索中，中国共产党人提出了许多正确的看法，但有些毕竟是不完全成熟的，此后中共还是在两个重大问题上出现了失误。一是在经济建设的规模和速度问题上，犯了急于求成的错误。1958 年，中共尝试通过群众运动的方式，实现经济发展的"大跃进"，结果使国民经济的发展受到严重的挫折。二是犯了阶级斗争扩大化的错误，导致了频繁的政治运动，并最终酿成"文化大革命"（1966—1976）这样长达 10 年的全局性社会动乱。后来，邓小平说：那个时期出现的失误表明，对于什么是社会主义和怎样建设社会主义这一根本问题，中国共产党人还没有真正认识清楚，中国的社会主义制度还很不成熟、很不完善。

从1956年到1976年，中国经历了曲折发展的20年。这个时期，国民经济的发展虽不平稳，在有些方面付出了过高的代价，但经济建设仍然取得了巨大的成就。

在工业建设方面，中国建成了独立的比较完整的工业体系和国民经济体系。钢铁、石油、原煤、发电量、棉纱、机械设备等主要工业品的产量，都有很大增长。电子、石油、原子能、航天等一批新兴工业逐步建设起来。全国工业企业达到35万个，形成的工业固定资产相当于旧中国近百年积累的25倍。

在农业生产方面，中国进行了大规模的农田水利建设，化肥、农药、农村用电、农业机械等也有较大增加，农业生产条件有了显著改善，耕作制度和耕作方法有了不少改进，全国主要粮食品种产量有了较大增长。

在交通运输方面，中国铁路、公路、水运、航空、邮电等事业都

"大跃进"时期，全民大炼钢铁。

有较大发展。除西藏外，全国各省、区、市都有了铁路，火车第一次通到宁夏、青海、新疆等边远地区。同时，全国大部分县镇通了公路，沿海港口新增十几万吨深水泊位，远洋航运方面开辟了通往东南亚、欧洲和非洲的三条航线。

在教育和卫生方面，初等教育的普及使中国的文盲大幅减少，而高等教育的大发展则为国家提供了各方面建设需要的人才；医疗卫生事业的发展使中国人的健康水平和人均寿命大幅提高，迅速甩掉了旧中国遗留的"东亚病夫"的帽子。

中国在科学技术方面取得的成就更为引人瞩目，包括成功地爆炸了中国第一颗原子弹、第一颗氢弹，成功地发射了中国第一颗人造地球卫星等。随着向高科技领域迈进，中国国防现代化建设水平也在不断提高。

总之，中国赖以进行现代化建设的物质技术基础，很大一部分是这20年尤其是前10年建设起来的。这些成就的取得，极大振奋了中国人民的民族精神。这一时期经历的曲折也给中国共产党人以深刻教训，丰富了中国社会主义建设的经验。

改革带来发展生机和活力

经过10年"文化大革命"，到1976年时，中国的国民经济已处在崩溃的边缘。

1976年9月9日，中国共产党、中国人民解放军和中华人民共和国的缔造者毛泽东逝世。以邓小平为核心的中国共产党第二代中央领导集体结束了"文化大革命"造成的危难局面，开辟了中国特色社会主义道路。

"文化大革命"的结束，使中国获得了重新走上正确发展道路的契机。1978年5月掀起的关于真理标准问题的大讨论极大地解放了人们的思想，冲破了之前关于社会主义的一些条条框框的束缚，打破了个人崇拜的思想禁锢。1978年底召开的中共十一届三中全会，从根本上纠正了中国共产党过去在指导思想上的一些错误，彻底否定了"以阶级斗争为纲"的错误理论和实践，作出了把中国共产党和国家的工作重点转移到经济建设上来，实行改革开放的历史性决策，开创了中国现代化建设的新的历史时期。此后，中共全党和全国开始了拨乱反正工作，全面平反冤假错案，妥善解决历史遗留问题。1981年6月，中共十一届六中全会审议并通过了《关于建国以来党的若干历史问题的决议》，对新中国成立32年来中共的重大历史事件特别是"文化大革命"作出了正确总结，实事求是地评价了毛泽东的历史地位。

在拨乱反正和总结历史经验的同时，中国共产党开始全面推进国家的改革开放事业。1978年以来，从农村到城市、从经济领域到其他各个领域都进行了全面的改革；从沿海到沿江、沿边，从东部到中西部，对外开放的大门敞开了。这场中国历史上从未有过的大改革大开放，极大调动了亿万人民的积极性和创造性，使中国成功地实现了从高度集中的计划经济体制到充满活力的社会主义市场经济体制、从封闭半封闭到全方位开放的伟大历史转折。

中国的农村经济体制改革始于20世纪70年代末。从1982年开始，包产到户、包干到户的"双包"责任制在全国农村迅速推广，特别是包干到户（后称"家庭联产承包责任制"），最受农民欢迎。这种经营方式将生产成果和农业生产者的利益更直接地联系起来，不仅克服了以往分配中的平均主义弊病，而且简便易行，成为改革开放以来中国农业的基本经营制度。"家庭联产承包责任制"充分调动了农民的生产积极性，使农业生产不断迈上新台阶。从1979年到1984年，农业总产值年均增长8.9%，人均占有粮食由1978年的319公斤增加到1984年的395.5公斤，主要农副产品产量大幅度增长，人民生活明显改善。农村经济体制改革取得的成功，坚定了人们对于改革的信心，

带头签订包干合同书的安徽省凤阳县小岗生产队三名队干部

为各领域的全面改革奠定了物质基础，起到了示范效应。

中国的城市经济体制改革与农村经济体制改革大体同时启动，但由于长期计划经济体制的影响，需要解决的问题更为复杂。改革以试点的方式进行，并首先从扩大企业自主权开始，随着试点范围的扩大，又陆续进行了企业经营责任制和所有制结构等方面的改革，逐步打破了单一的所有制经济，实现经济形式的多样化。20世纪80年代和90年代，随着改革开放的深入，中国广泛借鉴人类文明发展成果，在实践中不断探索适合本国国情和发展实际的经济理论和经济发展模式。1981年，中国确认了社会主义社会也存在市场经济；1982年，提出了"计划经济为主，市场调节为辅"，在坚持公有制经济主导地位的前提下，发展多种经济形式，鼓励合作经济的发展，允许个体经济的适当发展；1984年，明确提出私营经济和三资（中外合资、中外合作、外商独资）经济，是社会主义经济必要的和有益的补充；1992年，提出建立社会主义市场经济体制，使市场在国家宏观调控下对资源配置起基础性作用；1997年，强调要抓紧实现经济体制和经济增长方式的转变，即由计划经济向市场经济转变、由粗放型经济增长向集约型经济增长转变，中国进入深化经济体制改革和加快建设现代化的重要时期。进入21世纪后，在经济发展理念上，中国又开始加强宏观调控，调整经济结构，转变增长方式，着力推进改革开放和自主创新。40多

1985年9月，上海宝山钢铁总厂炼出第一炉钢。

年来，在逐步形成的一整套经济理论和经济模式指引下，中国对国有企业及金融、财税、投资、价格、外贸、商业、劳动、教育、卫生、交通等各领域进行了全方位的改革。目前，中国的社会主义市场经济体制已初步建立起来并进入不断完善的新阶段。市场机制的引入，为中国经济发展增添了生机与活力。

在进行经济体制改革的同时，中国一刻也没有放松对政治体制的改革，不断建立和完善与经济体制相适应的政治体制。通过总结"文化大革命"的经验教训，以邓小平同志为主要代表的中国共产党人，首先从中国共产党和中国国家的领导制度入手，进行政治体制改革。邓小平认为，中国共产党和中国国家领导制度需要革除的弊端，主要是官僚主义现象、权力过分集中现象、家长制现象、干部领导职务终身制现象、各种特权现象，以及封建残余思想。如果不坚决改革这些弊端，过去出现过的一些严重问题今后就有可能重新出现。

对外开放加快发展步伐

中国的改革与开放是相伴而生的，要改革就必须对外开放，要开放又必须进行改革。开放就是要打开国门，把中国和世界联系起来。

历史上，中国一直是一个封闭半封闭的国家。虽然有过丝绸之路那样的中外文化交流通道，但总体而言，特别是在立国观念和处理与外部世界的关系上，中国缺乏对外开放的意识。中国曾一次次地失去发展与外部世界关系的机会。1978年以后，中国把对外开放作为基本国策，坚定不移地把中国的发展与世界的发展结合起来。

中国的对外开放首先从创建经济特区开始。1980年，中国在位于中国南部和东南部广东、福建两省的深圳、珠海、汕头、厦门设置经济特区，并明确特区是利用外资、引进技术、发展经济的一种特殊形式。经济特区创建后，呈现强劲发展势头。在特区的示范下，对外开放步伐不断加快，逐步形成多层次、有重点、点面结合的对外开放格局。1984年，中国正式对外开放大连、秦皇岛、天津、烟台、青岛、连云港、南通、上海、宁波、温州、福州、广州、湛江、北海等14个沿海港口城市；1985年，又将长江三角洲、珠江三角洲、闽南厦（门）漳（州）泉（州）三角地区和辽东半岛、胶东半岛开辟为沿海经济开放区，通过加速沿海地区发展带动内地经济发展；1988年，建立海南省，使之成为中国最大的经济特区。至此，中国从南到北就形成了由5个经济特区、14个沿海开放城市、3个沿海开放区、两个开放的半岛和海南省构成的辽阔的对外开放地带。20世纪90年代之后，中国继续加快对外开放步伐。1990年，中国正式开发开放上海浦东新区。短短几年间，一个外向型、多功能、现代化的新城区奇迹般地崛起，带动了全上海以及长江三角洲和整个长江流域经济的发展。

1992年春天，中国改革开放的总设计师邓小平先后视察了中国中部的武昌，南部的深圳、珠海和东部的上海，发表了著名的"南方谈话"。邓小平在谈话中就坚持走中国特色社会主义道路，特别是抓住当前有利时机，加快改革开放的步伐，集中精力把经济发展好等一系列重大问题，发表了重要的意见。此后，在以江泽民同志为核心的中国共产党第三代中央领导集体的带领下，中国的改革开放进入一个新的发展阶段。1992年，中国北方的边境城市黑河、绥芬河、珲春和满洲里对外开放。同年，一些沿海开放城市开始建立保税区，实行比经济特区更加灵活、优惠的政策，按照国际惯例运作；近60个市、县、镇获批为对外开放地区；长江沿岸的10个主要中心城市也全部对外开放。到20世纪90年代中后期，中国已形成了全方位、宽领域、多层次的对外开放格局。

经过长达15年的艰难谈判，2001年11月10日，在卡塔尔首都多哈举行的世界贸易组织第四届部长级会议以全体一致的方式，审议并通过了中国加入世界贸易组织的决定。加入世界贸易组织，是中国对外开放进程中一件意义重大的事情。加入世界贸易组织进一步拓宽了中国对外开放的领域和空间：由区域性的对外开放转变为全方位对外开放；开放领域由传统的货物贸易向服务贸易延伸；市场准入条件更加法制化、更加透明和规范。

利用外资作为中国对外开放基本国策的主要内容，在促进中国经济发展和开放型经济形成上发挥了重要作用。截至 2012 年上半年，外商在华累计投资设立企业达 74.5 万家，涉及农业、制造业、服务业等几乎所有领域。来华投资的国家和地区超过 190 个，绝大多数世界500 强跨国公司在华投资或开展经营活动。尽管当前世界经济增长放缓，中国吸收外资面临挑战，但中国仍保持吸收外资的综合优势。到

2019 年 2 月 19 日航拍的深圳湾

2012 年，中国吸收外资已连续 20 年位居发展中国家首位。

积极合理吸收外资有效弥补了中国国内建设资金的不足，引进了大量先进技术、先进经营方式和管理经验，并带来了现代流通和市场营销理念，引入了国际竞争机制、国际规则和国际标准，在促进中国技术进步、推动产业结构调整升级的同时，加速了中国开放型经济的形成。积极有效利用外资还开阔了人们的国际视野，推动了思想解放与观念更新。

2008 年 8 月 8 日至 24 日，北京成功举办了第 29 届奥林匹克夏季运动会。这是第一次在发展中国家举行奥运会，国际奥委会主席罗格称这"是一届真正的无与伦比的奥运会"。北京奥运会主题口号是"同一个世界，同一个梦想"，表达了中国人民与世界各国人民共有美好

2008 年 8 月 8 日晚，北京奥运会在"鸟巢"隆重开幕。

家园、同享文明成果、携手共创未来的美好理想。2010 年 4 月 30 日，第 41 届世界博览会在上海隆重开幕。上海世博会主题是"城市，让生活更美好"。这是中国继北京奥运会后举办的又一国际盛会，成为人类文明的一次精彩对话。两次盛会的成功举办，标志着中国与世界的关系进入一个新的发展阶段。

中国现代化建设稳步推进

改革开放前，受国内外诸多因素的影响，中国与世界发达国家之间依然存在很大差距。以 1978 年中共十一届三中全会为标志，中国拉开改革开放的大幕，伴随着中国经济持续快速发展，中国现代化建设取得长足进展。

进入改革开放新的历史时期，中国搞现代化建设，是以世界上的先进技术和成果作为参照系的。为此，中国共产党对内积极推进科技、教育工作的发展，对外努力探索与外部世界联系的新路径，以促进先进技术的应用。但是，随着对中国国情认识的深化，通过观察、分析、比较世界现代化发展的进程，中国共产党感到用 20 多年的时间全面实现四个现代化是不切实际的，进而在考虑现代化战略目标时加了限定词——"中国式的现代化"，就是把标准放低一点，到 20 世纪末，只能达到发达国家 20 世纪 70 年代的水平，人均收入不可能很高。

1981 年，中国五届全国人大四次会议第一次正式把"小康"水平规定为中国经济发展的前景。到 1982 年党的十二大，"小康"水平被作为全党全国人民到 20 世纪末的战略目标正式提出和确定下来。"小康"现代化战略目标，使中国人民看到了实实在在的努力方向，因而成为中共在现代化进程中整合社会的新的动员令。

1982 年中共十二大后，中国现代化进程全面展开，现代化建设"三步走"的发展战略也随之被完整提出。所谓的"三步走"发展战略就

1982 年，湖南省邵阳县一位老人买回一台黑白电视机，成为全县第一位拥有电视机的农户。

是：第一步，到 1990 年，解决温饱问题；第二步，到 20 世纪末，实现小康；第三步，到 21 世纪中叶，达到中等发达国家水平。"三步走"的发展战略向人们展示了中国社会主义现代化建设新的历史进程表，使中华民族在实现伟大复兴的征途中第一次有了清晰而切实的战略目标和步骤。

20 世纪 80 年代末至 90 年代初，中国面临着严峻的国际国内局势。在这样的背景下，中国改革开放总设计师邓小平于 1992 年 1 月至 2 月先后赴武昌、深圳、珠海和上海等地视察。在谈到市场经济与社会主义的关系时，邓小平明确指出：计划多一点还是市场多一点，不是社会主义与资本主义的本质区别。计划经济不等于社会主义，资本主义也有计划；市场经济不等于资本主义，社会主义也有市场。计划和市场都是经济手段。这一论断从根本上破除了把计划经济视为社会主义制度基本特征、把市场经济当做资本主义特有的东西的思想束缚，为把市场经济纳入社会主义现代化建设扫清了障碍。1992 年 10 月，中共十四大明确提出中国经济体制改革的目标是建立社会主义市场经济体制。1993 年 3 月，中国八届全国人大一次会议通过了《宪法》修正案，将"国家实行社会主义市场经济"的条文写进了中国的根本大法。一个历史性的里程碑被树立起来。当代中国经济的市场化不仅是一种资源配置方式的变化，而且是一次重大的社会转型，这一社会转型的最重要特征和最深刻意义就在于：它把市场化、现代化和社会主义改革这三种重大的社会变革浓缩在同一个时代，从而构成了一次极其复杂、艰难而又波澜壮阔的伟大的社会变迁。

邓小平的南方谈话和中共十四大使社会主义现代化建设进入一个新的发展阶段。在这个阶段，中国国民经济和社会发展取得显著成就，原定于 2000 年比 1980 年翻两番的目标提前五年实现。经济、政治、文化等各项事业全面发展，社会生产力、综合国力以及城乡居民生活水平上了一个新台阶。在"三步走"战略的前两步目标基本实现的历史节点，1997 年中共十五大对现代化建设"三步走"战略进一步具体化，提出了新的"三步走"发展战略：21 世纪第一个十年实现国民生产总值比 2000 年翻一番，使人民的小康生活更加宽裕，形成比较完善的社会主义市场经济体制；再经过十年的努力，到 2021 年中国共产党成立 100 年时，使国民经济更加发展，各项制度更加完善；到 21 世纪中叶中华人民共和国成立 100 年时，基本实现现代化，建成富强、民主、文明的社会主义国家。这就为中国未来数十年的发展指明了大的方向。

随着社会主义市场经济的发展和完善，中国社会主义现代化建设逐步纳入世界发展一体化进程。2001 年，中国加入世贸组织，这标志着中国在经过了 15 年的歧视待遇之后，终于有了享受与其他世贸成员同等待遇的权利。这是中国改革开放和中国特色社会主义事业建设进程中一个具有里程碑意义的伟大事件，也是中国社会主义现代化建设进程中一个具有历史意义的伟大事件，无论是对中国经济发展和社会进步的推动，还是对世界和平与发展的促进，都意义重大、影响深远。

经过 20 年的努力，至 21 世纪之初，中国成功实现了"三步走"发展战略的第一步和第二步，人民生活总体上达到小康水平，实现了从温饱到小康的历史性跨越，进入全面建设小康社会、加快推进社会主义现代化的新发展阶段。于是，中国共产党和中国政府又从实际出发郑重提出"全面建设小康社会"的新的历史任务。2002 年中共十六大报告指出：全面建设小康社会的目标是，在 20 世纪头 20 年，集中力量，全面建设惠及十几亿人口的更高水平的小康社会，使经济更加发展、民主更加健全、科教更加进步、文化更加繁荣、社会更加和谐、人民生活更加殷实。实际上，就是把"全面建设惠及十几亿人口的更高水平的小康社会"作为"基本实现现代化"的一个重要阶段性目标和步骤。这样一个目标，是与加快推进中国现代化相统一的目标，符合中国国情和现代化建设的实际，符合人民的愿望，意义十分重大。

同时，针对现代化建设和发展中出现的诸多问题，如重掘取利用、轻恢复还原，重提高生产效率、轻社会发展公平，重经济发展、轻社会发展，重城市发展、轻农村发展，重物质财富、轻精神提升的片面倾向，中国共产党对中国特色社会主义事业的总体布局进行了调整，把原先经济建设、政治建设、文化建设"三位一体"拓展为包括社会建设在内的"四位一体"总布局，把原先"建设富强民主文明的社会主义现代化国家"的奋斗目标拓展为"建设富强民主文明和谐的社会主义现代化国家"。2007 年中共十七大第一次把"生态文明"写入报告，从而把"三个文明"进一步扩展为"四个文明"。所有这些，都不同程度地扩大了中国式现代化的内涵与外延，为中国特色社会主义现代化建设夯实了基础。

发展不平衡不协调，一直以来是中国存在的比较突出的问题。21世纪头 10 年，中国共产党和中国政府开始从加强社会主义新农村建设和社会主义和谐社会建设入手，着手补齐制约发展的短板，如实施"村村通"工程、取消农业税、发放种田补助、取消义务教育阶段的学费、实行农村合作医疗等。社会主义新农村建设，标志着中国的现代化进入以工促农、以城带乡的新阶段，是农业、农村、农民走向现代化的重要路径，为中国在新时代实施乡村振兴战略奠定了基础。同时，为构建社会主义和谐社会，中国加强社会事业建设，保障社会公平正义，建设社会主义核心价值体系，增进社会团结和睦。这两大战略措施，反映了建设社会主义现代化国家的内在要求，体现了人民追求美好幸福生活的共同愿望。

从1978年至2012年，中国共产党人和中国人民经过艰苦不懈的

2019年8月13日，一辆货车在江苏省南通市通州区"四好农村路"上驶过。

2019 年 7 月 2 日，"现代化之路：共和国七十年"展览在香港历史博物馆开幕。

探索，成功开辟中国特色社会主义现代化建设新道路，推动社会主义现代化建设取得举世瞩目的成就。这一时期，中国经济总量一跃上升为世界第二位，社会生产力、经济实力、科技实力迈上一个大台阶，人民生活水平、居民收入水平、社会保障水平迈上一个大台阶，综合国力、国际竞争力、国际影响力迈上一个大台阶，国家面貌发生新的历史性变化。毫无疑问，这个时期是中国社会主义现代化大踏步前进的时期，是中国经济持续发展、民主不断健全、文化日益繁荣、社会保持稳定的时期，是着力保障和改善民生、人民得到实惠更多的时期。

推动民主法治国家建设

民主是人类政治文明发展的成果，更是世界各国人民的普遍追求。当今世界有两种具有典型性的民主制度，一种是以西方为代表的所谓"三权分立"的民主制度，一种就是以中国为代表的人民民主制度。中国的民主制度是由内部生成的，而不是由外力强加的，符合中国的国情。

近代以来，中国人民为争取民主进行了百折不挠的斗争和艰难探索，但只有在中国共产党的领导下，才真正获得了当家做主的权利。中国人民十分珍惜并坚决维护这来之不易的民主成果。20 世纪 70 年代末，中国进入发展社会主义民主、建设社会主义法治国家的新时期。人民代表大会制度、中国共产党领导的多党合作和政治协商制度、民

2021 年 3 月 11 日，第十三届全国人民代表大会第四次会议在北京人民大会堂举行闭幕会。会后，代表们在人民大会堂前留影。

族区域自治制度以及基层群众自治制度等国家民主制度得到发展和完善，公民的基本权利得到尊重和保障，中国共产党民主执政能力进一步提高，政府民主行政能力显著增强，司法民主体制不断完善。政治体制改革不断推进，国家领导制度、立法制度、行政管理制度、决策制度、司法制度、人事制度和监督制约制度等方面的改革取得了显著成效。

当今中国实行的是人民代表大会制"一院制"，而不是西方国家实行的"两院制"。其实，到底是实行"一院制"好，还是"两院制"好，在中国也曾有过一段时间的讨论，最终根据自己的国情，中国还是选择搞"一院制"。在中国，人民通过全国人民代表大会和地方各级人民代表大会行使国家权力。年满18周岁的中国公民，不分民族、种族、性别、职业、家庭出身、宗教信仰、教育程度、财产状况、居住期限，除依法被剥夺政治权利的人以外，都有选举权和被选举权。代表有权依法提出议案、审议各项议案和报告、对各项议案进行表决，在人民代表大会各种会议上的发言和表决不受法律追究。在中国，国家行政机关、审判机关、检察机关都由人民代表大会产生，对它负责，受它监督。国家的重大事项由人民代表大会决定。行政机关负责执行人民代表大会通过的法律、决议、决定。法院、检察院依照法律规定分别独立行使审判权、检察权，不受行政机关、社会团体和个人的干涉。人民代表大会的职权主要有四项：立法、监督、人事任免、重大事项决定。

当今中国的立法民主和立法工作取得长足进展。在中国，几乎每一件法案的起草都采取专家座谈会、论证会等形式，听取专家的意见。有的法案还由立法机构直接委托社会研究部门起草。对于调整重要社会关系的立法项目，地方人大常委会还经常召开听证会，让不同利害关系方发表意见。近年来，中国的宪法修正案、婚姻法修改草案、合同法草案、物权法草案、民法典草案等多项关系到人民切身利益的重要法律法案，都需要把草案向全民公布征求意见。人民群众直接参与法律的制定，使法律能够充分体现人民的意愿和要求，而且增强了全社会的法律意识，法律通过后也能比较顺利地执行。经过多年努力，中国特色社会主义法律体系已经基本形成。在中国特色社会主义法律体系中，宪法居于核心和统帅地位。宪法规定国家的政治制度、经济制度、公民的权利和自由等，是国家的根本法。中国特色社会主义法律体系，是由七个法律部门和三个不同层级的法律规范构成的。七个法律部门是：宪法和宪法相关法，民法商法，行政法，经济法，社会法，刑法，诉讼和非诉讼程序法。三个不同层级的法律规范是：法律，行政法规，地方性法规、自治条例和单行条例。在依法治国、建设社会主义法治国家目标的指引下，社会主义民主的制度化、规范化和程序化建设不断加强，以宪法为核心的中国特色社会主义法律体系基本形成，国家政治、经济、社会生活的主要方面已基本做到有法可依。

中国共产党是中国唯一的执政党，由此外界常常误以为中国是一个一党制国家。其实不然。与其他国家搞的多党制、两党制、一党制不同，中国实行的是中国共产党领导的多党合作和政治协商制度。这是一种具有中国特色的新型政党制度，与中国的国家性质及国情是比较吻合的。中国目前共有九个政党，除中国共产党外，还有中国国民党革命委员会、中国民主同盟、中国民主建国会、中国民主促进会、中国农工民主党、中国致公党、九三学社、台湾民主自治同盟。这些政党大都成立于中国人民抗日战争（1931—1945）和解放战争（1946—1949）时期，是在争取民族解放和民主自由的过程中建立的，因此被称为"民主党派"。中国政党制度的显著特征是：中国共产党领导、多党派合作，中国共产党执政、多党派参政。各民主党派是与中国共产党团结合作的亲密友党和参政党，而不是反对党或在野党。各民主党派参加国家政权，参与国家大政方针和国家领导人选的协商，参与国家事务的管理，参与国家方针政策、法律法规的制定和执行。中国人民政治协商会议是有广泛代表性的统一战线的组织，是中国共产党领导的多党合作和政治协商的重要机构，也是中国政治生活中发扬民主的重要形式。

中国是一个统一的多民族国家。迄今为止，通过识别并由中央政府确认的民族有 56 个。其中，汉族人口最多，其他 55 个民族人口较少，习惯上被称为少数民族。2020 年第七次全国人口（除港澳台外）普查结果显示，55 个少数民族人口为 12546.74 万人，占全国总人口的 8.89%。世界上的多民族国家在处理民族问题方面有不同的模式，中国根据本国的历史发展、文化特点、民族关系、民族分布等具体情况，采用的是民族区域自治制度。民族区域自治，是指在国家统一领导下，在少数民族聚居地方实行区域自治，设立自治机关，行使自治权。民族自治地方分为自治区、自治州、自治县三级。目前，中国共建立了 155 个民族自治地方，其中包括 5 个自治区、30 个自治州、120 个自治县（旗）。在 55 个少数民族中，有 44 个建立了自治地方，实行区域自治的少数民族人口占少数民族总人口的 70% 以上。

中国 14 亿多人口中近一半生活在农村。如何扩大和发展农村基层民主，使农民真正当家做主，充分行使自己的民主权利，是中国民主政治建设的重大问题。经过多年探索和实践，中国共产党领导亿万农民找到一条适合中国国情的农村基层民主政治建设的途径，这就是实行村民自治。村民自治组织是村民委员会，村民委员会成员由村民直接选举产生。在选举过程中，村民委员会成员候选人由村民自己提名，实行投票选举，当场公布选举结果。村民的选举热情高涨，据不完全统计，全国农村居民的平均参选率超过 90%。

除了农村基层民主外，伴随着国家现代化建设事业的发展，中国的民主制度不断健全，民主形式日益丰富，民主渠道逐步拓宽，民主选举、民主决策、民主管理、民主监督得到更广泛的实行，人民的知情权、参与权、表达权、监督权进一步得到保障。

在半个多世纪的执政实践中，中国共产党形成了关于民主执政的一系列重要思想，初步建立了民主执政的制度体系，探索了民主执政的新途径和新方法。在中国，中国共产党的领导主要是政治、思想和组织领导，通过制定大政方针、提出立法建议、推荐重要干部、进行思想宣传、发挥党组织和党员的作用、坚持依法执政等途径实施党对国家和社会的领导。在实践中，中国共产党不断改革和完善领导体制和工作机制，努力探索民主执政的实践形式，按照执政党总揽全局、协调各方的原则，规范党委与人大、政府、政协和人民团体的关系。以发展党内民主带动人民民主是中国共产党民主执政的重要内容。经过长期不懈努力，中国共产党逐步探索出一套适合中国国情的监督和制约权力、有效开展反腐倡廉工作的制度、机制和办法，初步建立健全教育、制度、监督并重的惩治和预防腐败体系。

中国各级政府按照民主执政的要求，大力加强民主行政能力建设。

2018年9月1日，安徽省合肥市泔河镇卫乡村举行第十届村民委员会换届选举大会，全村2862名选民严格按照选举法行使了自己的选举权和被选举权，经投票选出了自己心中的"当家人"。

2016年12月2日，重庆市永川区人民法院邀请北山中学高一年级师生代表零距离感受法院工作和文化。

中国政府强调要严格按照法定权限和程序行使职权，在行政执法过程中，注意依法保障当事人和利害关系人的权益，坚决纠正行政执法中的以权谋私等各种违法行为。中国政府在接受人大、政协、司法、舆论和群众监督的同时，还建立和完善了一系列行政监督制度。中国政府按照民主行政的要求，加快政府职能转变，大力推进管理体制和制度创新，努力建设廉洁、高效、务实政府，使政府行政既有效率，又有活力。

中国不断建立和完善司法体制和工作机制，加强司法民主建设，努力通过司法活动保障公民和法人的合法权益，在全社会实现公平和正义。中国在人民代表大会之下设立行政机关的同时，还专门设立独立审判机关和独立检察机关，实行审判机关与检察机关分开的司法体制。司法机关以事实为依据，以法律为准绳，严格依法办事，惩治违法犯罪，保障公民合法权益。在制度和程序上，中国司法坚持法律面前人人平等和罪刑法定等原则，通过实行审级制度、回避制度、公开审判制度、人民陪审员制度、人民监督员制度、律师制度、法律援助制度、人民调解制度等，维护和实现司法公正和民主，保障人民民主权利。

　　总之，改革开放后，中国不仅实现了快速而可持续的发展，而且还完善了中国式的民主制度。中国实行的全过程民主通过一系列法律和制度安排，真正将民主选举、民主协商、民主决策、民主管理、民主监督各个环节彼此贯通起来。可以预见，世界历史不会被西方的"自由民主"所终结，中国的民主模式一定会得到越来越多人的理解与赞同。

第七章　中国的发展进入新时代

经过长期努力，中国特色社会主义进入了新时代，这是我国发展新的历史方位。

这个新时代，是承前启后、继往开来、在新的历史条件下继续夺取中国特色社会主义伟大胜利的时代，是决胜全面建成小康社会、进而全面建设社会主义现代化强国的时代，是全国各族人民团结奋斗、不断创造美好生活、逐步实现全体人民共同富裕的时代，是全体中华儿女勠力同心、奋力实现中华民族伟大复兴中国梦的时代，是我国日益走近世界舞台中央、不断为人类作出更大贡献的时代。

——习近平《决胜全面建成小康社会　夺取新时代中国特色社会主义伟大胜利——在中国共产党第十九次全国代表大会上的报告》

发展面临的新挑战

经过 1978 年改革开放以来数十年的接续奋斗，中国特色社会主义建设事业取得长足进步，人民生活水平得到全面提升，中国经济总量于 2010 年跃居世界第二。这样巨大的成绩是来之不易的，也是弥足珍贵的。

但是，中国也清醒地认识到，自身发展面临的形势出现了重大而深刻的变化。从国际发展大势看，世界经济在大调整大变革之中出现了一些新的变化趋势，国际金融危机深层次影响持续蔓延，西方国家结束黄金增长期，世界经济进入深度调整期，国际竞争更趋激烈，保护主义、单边主义、逆全球化初见端倪。从中国内部情况看，改革开放以来长期快速发展过程中，内部积累的矛盾、问题也不少。比如，发展不平衡不充分，发展质量和效益不高，经济大而不强，城乡、区域发展不协调，资源环境约束日益趋紧，等等。

知其事而不度其时则败。在这种国际、国内形势"变"和"不变"叠加的时期，如果还简单地沿袭过去的发展路子，一成不变地秉持过往的发展观念，把发展片面理解为增加生产总值，一味以 GDP（国内生产总值）排名比高低、论英雄，显然已经行不通，也不合时宜。

正是在这样的背景下，2012 年中共十八大后，中国共产党以宽广的视野观察当今世界和当代中国，科学分析时代大势，准确把握发展要求，富有创造性地提出新发展理念、统筹推进"五位一体"（经济建设、政治建设、文化建设、社会建设、生态文明建设）总体布局、

2020 年 7 月 22 日，蒙古族风情歌舞晚会《唱响新时代》在内蒙古自治区呼和浩特市首演。

协调推进"四个全面"（全面建成小康社会、全面深化改革、全面推进依法治国、全面从严治党）战略布局，成功解决了新形势下实现什么样的发展、怎样实现发展的一系列重大问题，为解决中国特色社会主义发展面临的新问题开出了系统性方案。

经过几年的努力，中国的经济实力、科技实力、国防实力、综合国力跃上了新的台阶，进入世界前列，中国国际地位实现了前所未有的提升，党的面貌、国家的面貌、人民的面貌、军队的面貌、中华民族的面貌发生了前所未有的变化，中华民族正以崭新姿态屹立于世界的东方。这些伟大成就是在改革开放新时期发展基础上取得的，是全方位的、带有开创性和历史性的成就。这些成就的取得，标志着中国特色社会主义进入新时代。

2017 年 10 月 18 日，中共十九大在北京开幕，习近平总书记在回顾"过去五年的工作和历史性变革"时庄严宣告："经过长期努力，中国特色社会主义进入了新时代，这是我国发展新的历史方位。"

之所以说中国特色社会主义已经进入新时代，主要判断依据就是中国社会的主要矛盾发生了变化，即由"人民日益增长的物质文化需要同落后的社会生产之间的矛盾"转化为"人民日益增长的美好生活需要和不平衡不充分的发展之间的矛盾"。

那么，中国社会主要矛盾的变化是怎么发生的？又到底发生了什么变化？

从需求方面来讲，以往中国人只要求能吃饱，后来，随着经济发展，人们对吃的要求从"吃得饱"变成"吃得健康"，今天的中国人对吃的要求不仅要吃饱、吃得健康，还强调吃得有品位。可以说，中国人对"品位"的要求表现在社会生活的各个方面，其实这也从一个侧面表达了人们对美好生活的需求。

当然，今天的中国人已经不局限于物质生活方面的需求，而且对民主、法治、公平、正义、安全、文化、环境等方面也有了越来越高

2021年8月7日，新冠疫情期间，河南省郑州市一家大型超市内各类商品充足。

的要求。为不断满足人民的这些需要，中国共产党和中国政府锐意改革、励精图治，不断推动各项事业的变革式发展。

——满足人民群众对民主法治的需要。中国始终贯彻以人民为中心的发展思想，紧紧依靠人民群众推进依法治国，深化立法、执法、司法公开，拓宽人民群众参与、表达、监督渠道，更加注重广纳群言、广集众智、广用民力，使法治建设深深扎根于人民的创造性实践中。中国完善人民群众合法权益保障立法，加强人权司法保障，推出大批便民利民新举措，让人民群众有更实在更深切的获得感。

——满足人民群众对民生保障和改善的需要。围绕建立更加公平、可持续的养老保险制度，中国政府制定实施《城乡养老保险制度衔接暂行办法》，开展养老服务业和公办养老机构改革试点。中国政府还陆续推出大学生创业引领计划，出台失业保险支持企业稳定岗位政策，健全企业职工工资正常增长机制，提高低保等城乡困难群体救助水平，发布实施《社会救助暂行办法》，改革完善基本医疗保险制度，在全国推开城乡居民大病保险，完善基本药物制度，扩大城市公立医院改革试点，实现公租房、廉租房并轨运行，推进共有产权住房改革。

——满足人民群众对安全的需要。中国共产党和中国政府高度重视平安中国建设，明确提出把平安中国建设置于中国特色社会主义事业发展全局中来谋划，把人民群众对平安中国建设的要求作为努力方向，努力解决深层次问题，建设平安中国，确保人民安居乐业、社会安定有序、国家长治久安。数据显示，近年来，中国严重暴力犯罪案件呈现明显下降趋势，重特大火灾、道路交通事故逐年减少，人民群众安全感始终保持在 90% 以上。近年来，中国很多地方积极推动从注重管理向注重治理转变，构建多元化社会治理格局，确保国家长治久安。

——满足人民群众对美好环境的需要。中国高度重视环境保护工作，提出"用制度保护生态环境"，按照"源头严防、过程严管、后

2021年8月16日，湖南省永州市道县蚣坝镇莲花塘村，风车与蓝天、绿水、田野交相辉映，构成一幅美丽的生态画卷。

果严惩"的思路，构建生态保护和生态文明建设的新机制。为加强环境保护力度，中国政府出台国有林区改革指导意见和国有林场改革方案，推动建立国家公园体制；提高排污费征收标准、扩大征收范围、加大处罚力度，推进排污权有偿使用和交易试点，开展环境污染第三方治理体系；强化节水准入，开展水权试点；以硬约束加快淘汰落后产能、燃煤小锅炉和老旧汽车，坚持行政手段、经济手段、法律手段"三管齐下"，以总量控制、源头治理、区域联动的努力，"向雾霾宣战"，争取"雾开霾散"，实现生态环境持续改善。

——满足人民群众对文化生活的需要。近些年，中国公共文化服务体系已经初步建立并在不断完善，取得不俗成绩。中国已初步建成包括国家级、省级、地市级、县级、乡级、村级（和城市社区）六个级别的公共文化服务网络。农村的公共文化服务能力增强。农村基本实现广播电视村村通、户户通，而且不仅是集中居住点实现户户通，甚至在游牧地区也装有利用太阳能电池的"马背电视"，让牧民可以收看电视广播节目，远洋渔船也装上卫星电视，为渔民送上文化大餐。同时，中国还大力发展文化志愿服务，解决基层缺乏文化人才问题，现在已经有文化志愿服务组织机构近8000个，文化志愿者超过百万人，形成一支专兼结合的基层文化工作队伍。所有这些，都极大程度地满足了人民群众对文化生活的需求。

中国共产党和中国政府围绕民主法治、社会保障、社会治理、生态文明、文化供给等方面，所做的大量工作让人民群众得到实惠，受到人民群众的广泛好评。这既体现了中国共产党以人民为中心的执政

2021年7月18日，安徽省安庆市大观区花亭路街道"暑托班"舞蹈教室里，文化志愿者义务指导孩子们进行舞蹈基本功训练。

理念，又反映了中国人民需要的深刻变化。

从矛盾的另一方面，即社会生产力水平方面来说，经过数十年的快速发展，中国社会生产力水平总体上显著提高，社会生产能力在很多方面进入世界前列。

近些年，中国持续实施制造强国战略，一方面在基础科学研究上取得突破性进展，为战略性新兴产业和高端制造业发展奠定基础，另一方面推动以高端装备制造业、高技术产业等为代表的新主体、新业态的快速增长，为中国经济灌注强大的内驱动力，成为发展新引擎。这些代表性的成就，只是中国生产能力快速发展和提升的一个缩影。

当然，在看到中国改革发展取得巨大成就的同时，也应该理性地认识到存在的突出问题，即发展不平衡不充分问题。这个问题已经成为满足人民日益增长的美好生活需要的主要制约因素。

这种不平衡不充分问题，又主要体现在哪些方面呢？

一是现代服务业发展相对于制造业的不平衡不充分。世界各国经济发展的规律是，在经济社会进入中高收入阶段后，经济增长必将从主要依靠工业化转向服务业化。从中国的情况看，在对经济增长的贡献上，服务业已经超过制造业，但是服务业增加值占 GDP 的比重只有 51% 左右，远远低于发达经济体 60% 到 70% 左右的水平。在服务业中，尽管信息技术发展较快，但科教文卫等现代服务业的潜力还没有充分发挥，这导致服务业的劳动生产率一直低于制造业。在制造业方面，中国是全世界工业门类最齐全的工业化国家，制造业产值于 2012 年超越美国，现在中国已成为全球第一制造大国。不过，从制造业总体的技术水平看，中国与发达国家尚存在较大差距。

二是消费相对于投资的不平衡不充分。近些年，尽管消费已经取代投资成为拉动经济增长的第一驾"马车"，但是投资占 GDP 的比重依然高达 45%，而中国的消费率依然只有 52% 左右的水平。导致中国消费率偏低的因素有很多：有些是正常的，例如人口红利时期的储蓄率通常较高；有些是不正常的，除了经济发展过度依赖要素投入、城乡收入差距大、区域经济发展差距大之外，还有一个突出的因素就是在中国国民收入的分配中，与其他主要经济体相比，中国居民收入占比较低。这说明，中国还需要更好地发挥政府作用，适当调整国民收入分配比例，同时履行好政府在提供基本养老、医疗、教育服务等方面的公共职能。

三是增长动能的不平衡不充分。从增长动能上看，相对于资本、劳动力、土地等要素投入作为经济增长第一驱动力，创新的关键作用发挥得不平衡不充分。以研发投入为例，中国已经成为仅次于美国的第二大研发投入国家，但从各个产业看，现代服务业和先进制造业的研发投入强度还偏低，这也是中国产业结构不平衡不充分的根本原因。从区域看，中国的中西部地区的研发投入强度远远低于东部地区，并且差距还在不断拉大。

四是区域和城乡上的不平衡不充分。世界各国经济发展的历史表明，随着经济增长，区域之间和城乡之间的人均GDP存在收敛的趋势，即区域和城乡间的差距逐渐缩小。但是，中国的情况似乎并非如此。从城乡格局看，相对于城市，乡村经济发展不平衡不充分。改革开放至今，中国城乡居民的收入差距依然较大。

可以看出，中国共产党作出的关于中国社会主要矛盾已经转化为人民日益增长的美好生活需要和不平衡不充分的发展之间的矛盾这个新的论断，既是对中国社会主要矛盾发生了转化这个实际所作的实事求是的重要判断，又是一个重大的理论创新。这个重要判断和理论创新，为人们观察中国社会发生的深刻变化提供了新的视角，也对中国共产党更好地制定符合当前中国实际的发展战略具有深远的指导意义。

"五位一体"推进国家协调发展

自 1978 年底改革开放以来，中国经济实现了 40 多年持续高速增长。为此，西方媒体高度评价中国以几十年时间走完了西方发达国家几个世纪的路。但是，有一个不争的事实是，中国的高增长是以能源和资源的大量消耗以及生态环境的巨大破坏为代价的，是不可持续的。因此，把生态文明建设突出出来，摆在重要的战略位置上，逐步成为中国社会的共识。

2012 年，中共十八大报告对生态文明建设作了详尽的阐述，使它与经济建设、政治建设、文化建设、社会建设一道，共同构成中国特色社会主义的总布局。这不仅标志着"五位一体"总体布局的形成，而且对于推动中国特色社会主义事业全面发展具有重大意义。2017 年，中共十九大在总结历史经验的基础上，对中国社会主义现代化建设作出新的战略部署，并明确以"五位一体"的总体布局推进中国特色社会主义事业，制定了新时代统筹推进"五位一体"总体布局的战略目标。至此，"五位一体"总体布局已趋于成熟，在中国特色社会主义事业发展中具有十分重要的战略位置。

事实上，伴随着总体布局的形成与完善，中国共产党和中国政府对全面小康社会目标的认识也逐步深化。尤其是"五位一体"总体布局提出后，中国共产党和中国政府在确立全面小康社会的奋斗目标时，都是从经济、政治、文化、社会、生态等角度进行概括和部署。

在经济建设方面，面对新情况新挑战，中共中央审时度势，准确把握中国经济发展大势，提出一系列关系中国经济发展全局的重大论断，成功驾驭中国经济发展大局。

针对中国经济发展处于增长速度换挡期、结构调整阵痛期、前期刺激政策消化期（简称为"三期叠加"）阶段的基本特征，中国共产党和中国政府提出中国经济发展进入新常态。在新常态下，经济发展呈现出新的特征：增长速度从高速转向中高速，发展方式从规模速度型转向质量效率型，经济结构调整从以增量扩能为主转向调整存量、做优增量并举，发展动力从主要依靠资源和低成本劳动力等要素投入转向创新驱动。这些变化，是中国经济向形态更高级、分工更优化、结构更合理的阶段演进的必经过程。实现这样广泛而深刻的变化是一个新的巨大挑战。认识新常态，适应新常态，引领新常态，是这一时期中国经济发展的大逻辑。

为适应经济新常态，中国共产党和中国政府部署推进供给侧结构性改革。所谓供给侧结构性改革，就是抓好去产能、去库存、去杠杆、降成本、补短板五大任务。这一时期，中国政府主要是以"三去一降一补"为抓手，加大以钢铁、煤炭等行业为重点的去产能力度；坚持"房子是用来住的，不是用来炒的"定位，控制热点城市房价涨势；积极稳妥去杠杆，控制债务规模，增加股权融资，宏观杠杆率涨幅明显收窄；

2020年9月6日，在中国国际服务贸易交易会国别和省区市专区，京津冀协同发展展位吸引参观者拍照。

全面推开营业税改增值税试点；多措并举降成本，压减政府性基金项目，推动降低用能、物流、电信等成本；突出重点，加大补短板力度，推进供给侧结构性改革取得明显成效。

此外，中共十八大后，针对关系全局、事关长远的问题，中国实施了一系列重大发展战略，主要包括：以疏解北京非首都功能为重点的京津冀协同发展战略，以共抓大保护、不搞大开发为导向的长江经济带建设，以促进合作共赢为落脚点的"一带一路"建设、粤港澳大湾区建设，以促进人的城镇化为核心、以提高质量为导向的新型城镇化战略，等等。

在新发展理念的指引下，中国坚持稳中求进工作总基调，以推进供给侧结构性改革为主线，主动适应、把握、引领经济发展新常态，经济发展取得巨大成就，经济保持中高速增长，发展质量和效益不断提升，成为世界经济增长的主要动力源和稳定器。中国经济增长从主要依靠工业带动转为工业和服务业共同带动、从主要依靠投资拉动转为消费和投资一起拉动，从出口大国转为出口和进口并重的大国，实现了中国多年想实现而没有实现的重大结构性变革，经济实力、经济结构、经济活力和韧性、对全球经济发展的影响力都迈上了一个新台阶。

在民主政治建设方面，中国人始终认为，评价一个国家政治制度是不是民主有效，主要看国家领导层能否依法有序更替，全体人民能否依法管理国家事务和社会事务、管理经济和文化事业，人民群众能否畅通表达利益要求，社会各方面能否有效参与国家政治生活，国家决策能否实现科学化、民主化，各方面人才能否通过公平竞争进入国家领导和管理体系，执政党能否依照宪法法律规定实现对国家事务的领导，权力运用能否得到有效制约和监督。

近年来，中国共产党以增加和扩大中国社会主义民主政治的优势和特点为关键，不断完善人民代表大会制度，紧扣全面依法治国，抓住提高立法质量这个关键，科学立法、民主立法、依法立法水平不断提高；同时，不断增加人大代表中一线工人、农民、专业技术人员代表比例和农民工代表人数，充分保障人大代表依法履职、行使权力，推动人大代表列席人大常委会会议、参加人大执法检查、参与人大专门委员会和工作委员会活动，畅通社情民意表达和反映渠道。

——广泛推动社会主义协商民主。协商民主是中国社会主义民主政治中独特的、独有的、独到的民主形式，是切实保障人民当家做主的制度安排。2015年初，中共中央印发《中共中央关于加强社会主义协商民主建设的意见》，从顶层设计的高度系统谋划了协商民主的发展路径，提炼出包括政党协商、人大协商、政府协商、政协协商、人民团体协商、基层协商、社会组织协商在内的七种协商形式，推动协商民主广泛多层制度化发展不断取得新成效，极大地丰富了民主形式、拓宽了民主渠道、加深了民主内涵。中国不断推动中国共产党领导的多党合作和政治协商制度的新发展。这一时期，中国各民主党派中央结合自身特色和优势，围绕大力推进供给侧结构性改革、深入推进新型城镇化、加快"一带一路"建设、促进科技发展和自主创新、大力振兴和提升实体经济等重大问题，组织专家学者深入调研，向中共中央、国务院报送意见建议。

——充分贯彻落实民族区域自治制度。中国共产党高度重视民族地区经济社会发展，完善差别化的区域政策，优化转移支付和对口支援机制，实施促进民族地区和人口较少民族发展、兴边富民行动等规划，确保少数民族和民族地区同全国一道实现全面小康和现代化；严格执行民族宗教政策，深入开展民族团结进步宣传教育，促进各民族像石榴籽一样紧紧抱在一起，引导各族群众增强对伟大祖国的认同、对中华民族的认同、对中华文化的认同、对中国特色社会主义道路的认同。如今，中国民族区域自治制度越来越展现出强大的生命力和优越性，有力地推进了民族事务治理体系和治理能力现代化。

2018年，广西崇左壮族民众表演天琴弹唱，庆祝"壮族三月三"民族节日。

——激发基层群众自治制度的活力。人民群众通过村民委员会、居民委员会、职工代表大会等，广泛、直接参与社会事务管理。全国农村普遍制定了村规民约或村民自治章程，城市社区普遍制定了居民公约或居民自治章程。以城乡村（居）民自治为核心，以民主选举、民主协商、民主决策、民主管理、民主监督为主要内容的基层群众自治制度基本建立并不断完善，人民群众从各层次各领域有序参与政治生活，中国基层民主正日益发挥巨大作用。

在思想文化建设方面，中国注重培育和践行社会主义核心价值观。2012年中共十八大提出，倡导富强、民主、文明、和谐，倡导自由、平等、公正、法治，倡导爱国、敬业、诚信、友善，积极培育和践行社会主义核心价值观。中国社会普遍开展爱国主义教育活动和群众性精神文明创建活动，社会主义核心价值观被纳入国民教育体系。

中国政府通过立法和表彰等方式，肯定为国家作出突出贡献的英雄模范人物。感动中国人物张桂梅，是千千万万为国家社会无私奉献的普通教师之一。她扎根在中国云南省贫困山区40多年，推动创建了中国第一所免费女子高中，2008年建校以来已帮助1600多位女孩圆梦大学校园。张老师被女孩子们亲切地称为"张妈妈"。她像一束希望之光，照亮孩子们的追梦人生。中国政府在全社会树起一大批道德标杆和旗帜人物，为推动中国社会保持见贤思齐、崇尚英雄、争做先锋的风气营造了良好氛围。

中国实施中华优秀传统文化传承发展工程，推动中华优秀传统文化创造性转化、创新性发展，越来越多的传统经典诗文、戏曲、书法

2020年10月14日，青海省杂多县第二民族完全小学"格萨尔书法班"的学生练习藏文书法。

等内容走入课堂、走进社区，融入国民教育体系。各地采取多种方式，让收藏在博物馆里的文物、陈列在大地上的遗产、书写在古籍里的文字都活起来，发挥其弘扬中华优秀传统文化的重要作用。

中国大力发展社会主义文化事业，为人民提供更加丰富的精神食粮。中国政府坚持把社会效益放在首位、社会效益和经济效益相统一，全面实施新一轮文化体制改革。2017年3月，《中华人民共和国公共文化服务保障法》施行，实现了人民群众基本文化权益的法律保障。同时，中国健全现代文化产业体系和市场体系，确保文化产业持续增长。

在社会建设方面，进入新时代，随着经济社会发展水平的提高，人民对美好生活的向往更加强烈，民生领域需求日益复杂多元，保障和改善民生的任务十分繁重。

中国共产党坚持以人民为中心，把增进人民福祉作为发展的根本目的，着力在发展中补齐民生短板，在幼有所育、学有所教、劳有所得、

2020年12月10日，中华人民共和国第一届职业技能大赛在广东省广州市开幕。图为飞机维修项目选手在比赛中。

病有所医、老有所养、住有所居、弱有所扶上取得一系列开创性成果，让改革发展成果更多更公平惠及全体人民。

就业是最大的民生，关系老百姓的饭碗，是天大的事，必须下大力气解决。面对结构性就业压力，中国深入实施就业优先战略和更加积极的就业政策，出台和完善各项创业优惠政策，大力发展职业教育和职业培训，加大援企稳岗力度，使城镇登记失业率保持在较低水平。中国就业结构不断优化，第三产业已经成为吸纳就业最多的产业；城镇就业人员数量超过乡村，城乡就业格局发生历史性转变，中西部地区劳动力就近就地就业和返乡创业趋势明显；健全劳动关系协调和矛盾调处机制，坚决防止和纠正就业歧视，建立解决农民工工资拖欠长效机制，推动全社会共同构建和谐劳动关系。

收入是民生之源。中国政府坚持按劳分配原则，努力拓宽居民劳动收入和财产性收入渠道，完善按要素分配的体制机制，在坚持居民收入增长和经济增长同步、劳动报酬提高和劳动生产率提高同步的条件下，通过"扩中、提低、调高、打非"，缩小收入分配差距，促进收入分配更合理、更有序；通过改革完善收入分配制度，实现了居民收入和经济发展同步增长，劳动报酬和劳动生产率同步提高。

教育承载着亿万家庭对美好生活的期盼。中国共产党和中国政府紧扣落实立德树人根本任务深化教育改革，构建德智体美劳全面培养的教育体系，中国特色社会主义教育制度体系的主体框架基本确立。2012年起，国家财政性教育经费支出占当年国内生产总值比例连续保持在4%以上。全面改善贫困地区义务教育薄弱学校基本办学条件，全面实施农村义务教育学生营养改善计划，建立和完善全学段学生资助政策体系，教育公平得到更好保障。

社保是民生之依。中国坚持全覆盖、保基本、多层次、可持续的方针，不断深化社会保障制度改革，建成世界上规模最大的社会保障体系；全面建立统一的城乡居民基本养老保险制度，推进机关事业单

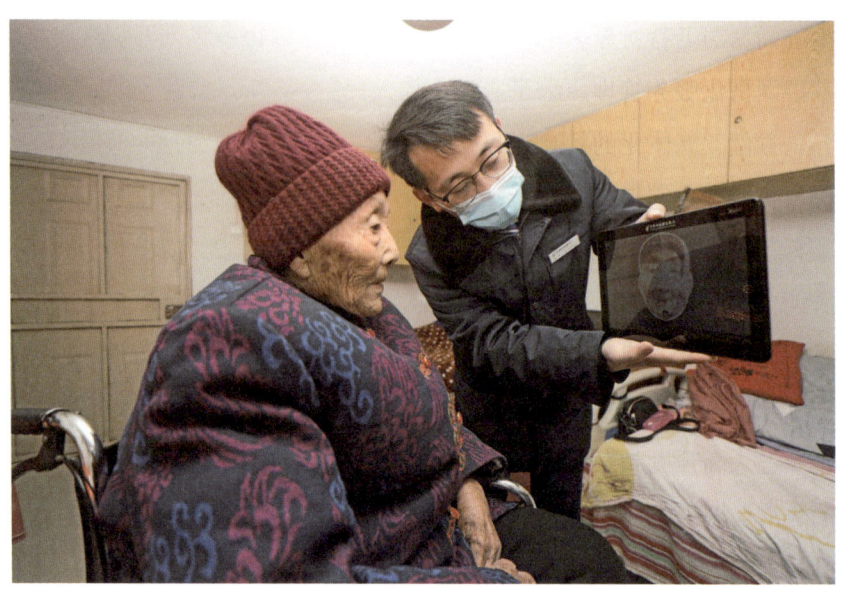

2021年1月15日，安徽省全椒县银行工作人员上门为百岁老人办理社保卡。

位养老保险制度改革，建立企业职工基本养老保险基金中央调剂制度，启动养老保险基金投资运营，制度的公平性和可持续性显著增强。

健康中国战略全面深入实施。中国共产党和中国政府提出以基层为重点，以改革创新为动力，预防为主，中西医并重，把健康融入所有政策，人民共建共享的卫生与健康工作方针。2016年10月，中共中央、国务院印发的《"健康中国2030"规划纲要》对健康中国建设作出全面部署。根据这个方针和部署，医药卫生体制改革坚持医疗、医保、医药"三医"联动，坚持防治结合、联防联控、群防群控，不断推进疾病治疗向健康管理转变。

社会治理方式不断创新。中国把中国共产党的领导和社会主义制度优势转化为社会治理优势，不断完善中国特色社会主义社会治理体系，基本建成党委领导、政府负责、社会协同、公众参与、法治保障的社会治理体制，初步形成共建共治共享的社会治理格局。社会治理重心向基层下移，更多资源、服务、管理下放到基层。中国通过加强基层网格化服务管理，综合运用大数据、人工智能等先进技术，打造起全方位、立体化的社会治安防控体系，全社会公共安全风险预测预警预防能力大幅提高。中国改革社会组织管理制度、促进社会组织健康有序发展，更好地发挥社会组织的作用，实现政府治理和社会调节、居民自治良性互动。

在生态文明建设方面，中国把良好生态环境作为最普惠的民生福祉。经过持续快速发展，多年积累下来的环境问题在某些地方、某些领域进入高强度频发阶段。为此，中国开始用最严格的制度、最严密的法治保护生态环境。

中国持续加强环境保护立法。2013年11月，中共十八届三中全

2021年7月21日，江西省抚州市金溪县左坊镇清江村一带风景如画。

会第一次把"生态文明体制改革"纳入全面深化改革的目标体系，提出紧紧围绕建设美丽中国这个目标深化生态文明体制改革，加快建立生态文明制度，健全国土空间开发、资源节约利用、生态环境保护的体制机制，推动形成人与自然和谐发展的现代化建设新格局。2015年，中共中央、国务院先后印发《中共中央 国务院关于加快推进生态文明建设的意见》和《生态文明体制改革总体方案》，从总体目标、基本理念、主要原则、重点任务、制度保障等方面对生态文明建设进行全面系统的部署安排，要求到2020年构建起产权清晰、多元参与、激励约束并重、系统完整的生态文明制度体系。在这些顶层设计指引下，生态文明制度建设全面展开并不断向纵深推进，生态保护、生态修复以及绿色生产生活方式等取得重大突破。

中国积极参与全球环境与气候治理。中国率先发布《中国落实2030年可持续发展议程国别方案》，实施《国家应对气候变化规划（2014—2020年）》。2015年12月，中国积极推动联合国气候变化巴黎大会达成《巴黎协定》这一历史性文件。在2016年二十国集团领导人杭州峰会期间，习近平代表中国政府正式向联合国交存了《巴黎协定》批准文书。中国积极履行生物多样性保护国际义务，为全球环境治理作出持续努力。2020年，中国正式宣布力争2030年前实现碳达峰、2060年前实现碳中和。这是中国基于推动构建人类命运共同体的责任担当和实现可持续发展的内在要求作出的重大战略决策。中国关于生态文明建设的理念和战略，得到国际社会的广泛认可。

改革进入全面深化新阶段

进入新时代，中国推进全面深化改革，改革呈现全面发力、多点突破、蹄疾步稳、纵深推进的态势。

2013年11月，中共十八届三中全会审议通过《中共中央关于全面深化改革若干重大问题的决定》，对全面深化改革作出顶层设计和总体规划，科学规划全面深化改革的战略重点、优先顺序、主攻方向、工作机制、推进方式和时间表、路线图。同时，中国出台涵盖经济、政治、文化、社会、生态文明和党的建设等领域的336项较大改革举措。这是一次划时代的会议，标志着中国全面深化改革的正式启动。

　　全面深化改革是一个复杂的系统工程，需要建立更高层面的领导机制。2013年12月，中国成立了由中共中央总书记习近平任组长的中央全面深化改革领导小组（2018年3月改为中央全面深化改革委员会，习近平任主任），负责改革总体设计、统筹协调、整体推进、督促落实。这充分体现了中国对改革的高度重视，充分表明了改革决心，有利于确保改革的系统性、整体性、协同性。此后，中国先后召开数十次中央全面深化改革领导小组会议，审议通过360多项重要改革文件，确定350多个重点改革任务，出台1500多项改革举措，在经济、司法、社会、生态等重要领域和关键环节的改革取得突破性进展。

2018年7月29日，海南国际仲裁院在海口挂牌成立。

同时，在改革实践中，中国突出强调以经济体制改革为重点，发挥经济体制改革的牵引作用，使市场在资源配置中起决定性作用和更好地发挥政府作用，提出并推进供给侧结构性改革、农村土地"三权分置"、深化国资国企改革、发展混合所有制经济、设立自由贸易试验区等新理念新举措，推动国有企业、财税金融、科技创新、土地制度、对外开放、文化教育、司法公正、环境保护、养老就业、医药卫生、党建纪检等领域具有牵引作用的改革不断取得突破，使各方面体制机制弊端阻碍全社会创造力和发展活力的状况得到明显改变。

2017年中共十九大后，中国的全面深化改革开始向纵深发展。当年11月，十九届中央全面深化改革领导小组第一次会议指出，无论改什么、改到哪一步，坚持党对改革的集中统一领导不能变，完善和发展中国特色社会主义制度、推进国家治理体系和治理能力现代化的总目标不能变，坚持以人民为中心的改革价值取向不能变。2018年5月，中共十九届三中全会后新成立的中央全面深化改革委员会审议通过了《党的十九大报告重要改革举措实施规划（2018—2022年）》，对中共十九大确定的158项改革举措进行梳理，列明牵头单位、改革起止时间、改革目标路径、成果形式等要素，形成了后续五年全面深化改革的"大施工图"，立下"确保到2022年全面完成党的十九大提出的目标任务"的军令状。

此后几年间，中国在重要领域和关键环节改革上取得决定性成果，继续打硬仗，啃下硬骨头。例如，深化党和国家机构改革，成立国家监察委员会；建立健全城乡融合发展体制机制和政策体系，加快建立同高质量发展要求相适应的宏观调控体系；推动自由贸易试验区改革创新，支持海南全面深化改革开放，支持河北雄安新区先行先试、率先突破，支持深圳建设中国特色社会主义先行示范区；推进国有资本投资、运营公司改革试点，加强非金融企业投资金融机构监管，在上海证券交易所设立科创板并试点注册制，推进公共资源交易平台整合

2021年3月18日，中央广播电视总台"心连心"艺术团在河北雄安新区慰问演出。

共享，扩大高校和科研院所科研自主权；实施国家职业教育改革，开展国家产教融合建设试点，完善教育督导体制机制；改革医疗卫生行业综合监管制度，改革和完善疫苗管理体制，开展区域医疗中心建设试点等。一系列重大改革举措相继出台。正如中共中央总书记习近平所说：中国现在所处的，是一个船到中流浪更急、人到半山路更陡的时候，是一个愈进愈难、愈进愈险而又不进则退、非进不可的时候。改革开放已走过千山万水，但仍需跋山涉水，摆在全党全国各族人民面前的使命更光荣、任务更艰巨、挑战更严峻、工作更伟大。

经过七年全面深化改革，至2020年底，中国各领域基础性制度框架基本确立，许多领域实现历史性变革、系统性重塑、整体性重构，为推动形成系统完备、科学规范、运行有效的制度体系，使各方面制度更加成熟更加定型奠定了坚实基础。2020年12月，中央全面深化改革委员会第十七次会议审议了党的十八届三中全会以来全面深化改革总结评估报告，回顾了几年来气势如虹、波澜壮阔的改革进程，指出这是一场思想理论、组织方式、国家制度和治理体系的深刻变革，也是一场人民广泛参与的深刻变革。

应该说，这些年中国已经啃下了不少硬骨头，但还有许多硬骨头要啃；攻克了不少难关，但还有许多难关要攻克。中国并不满足于此，决心要把推进改革同服务党和国家工作大局结合起来，把深化改革攻坚同促进制度集成结合起来，把推进改革同防范化解重大风险结合起来，把激发创新活力同凝聚奋进力量结合起来，继续推动改革在新发展阶段打开新局面。

从高速增长转向高质量发展

自改革开放以来，中国经济数十年来保持年均 9% 以上高速增长，

近年来，河北省张家口市宣化区按照"首都科技＋宣化智造"发展思路，提升装备制造创新能力，促进经济高质量发展。图为 2021 年 7 月 13 日，一名工人在一家钻机生产企业的车间内工作。

部分年份增速达两位数，创造了人类历史上人口大国经济长期高速增长的奇迹。中国的经济总量2010年首次超过日本，成为第二大经济体，与第一大经济体美国的差距日益缩小。

然而，中国以往主要依靠要素投入、外需拉动、投资驱动、规模扩张实现的高速增长是不可持续的。从世界经验来看，大多数发展中国家和地区在推动工业化和现代化的进程中，真正进入高收入阶段的仅有13个经济体，其余均落入"中等收入陷阱"，主要原因就在于没有能够完成从高速增长到高质量发展的顺利转轨。

中国经济在变，对于这个深刻变化，中国共产党和中国政府早有洞察。2014年11月，中国国家主席习近平在亚太经合组织工商领导人峰会开幕式上演讲时指出，中国经济呈现出新常态，有几个主要特点：一是从高速增长转为中高速增长；二是经济结构不断优化升级，第三产业、消费需求逐步成为主体，城乡区域差距逐步缩小，居民收入占比上升，发展成果惠及更广大民众；三是从要素驱动、投资驱动转向创新驱动。2017年中共十九大报告给出了一个全新明确的判断："中国经济已由高速增长阶段转向高质量发展阶段"。

面对经济进入发展新阶段，中国政府坚持以经济建设为中心，以新发展理念引领经济发展新常态，加快转变经济发展方式、调整经济发展结构、提高发展质量和效益，推进供给侧结构性改革，推动经济更有效率、更有质量、更加公平、更可持续地发展，加快形成崇尚创新、注重协调、倡导绿色、厚植开放、推进共享的机制和环境等。

具体来说，为推动中国经济高质量发展，近年来中国政府采取了一系列新的经济发展战略举措：

——把新发展理念贯穿于经济发展之中。理念是行动的先导，一定的发展实践都是由一定的发展理念来引领的。进入新发展阶段，中国不再是简单以国内生产总值增长率论英雄，也不再回到以破坏环境为代价搞所谓发展的做法上去，更没有再回到粗放式发展的模式上去。

相反，中国把创新、协调、绿色、开放、共享的发展理念贯穿于经济社会发展各领域各环节，把注意力集中到解决发展不平衡不充分的问题上，大力破解发展难题，厚植发展优势。

——推进供给侧结构性改革。中国经济运行主要矛盾仍然是供给侧结构性的矛盾，必须坚持以供给侧结构性改革为主线不动摇。近年来，为满足人民群众个性化、多样化、不断升级的需求，中国坚持把发展经济的着力点放在实体经济上，提高供给体系质量和效率，积极扩大有效和中高端供给，不断提升供给结构对需求结构的适应性。同时，中国积极实施扩大内需战略，促进形成强大国内市场，为经济高质量发展培育新动力、打造新引擎。

——深化改革扩大开放。改革开放是中国的基本国策，也是推动发展的根本动力。近年来，中国围绕正确处理政府和市场的关系，坚持全面深化改革，积极推进高水平开放，经济发展的内需潜力、市场活力和内生动力持续释放。进入新发展阶段，中国坚持以改革开放为动力推动高质量发展，用改革的办法解决发展中的问题，坚定扩大对外开放，加快形成以国内大循环为主体、国内国际双循环相互促进的新发展格局。

由于中国政府科学研判了经济发展形势，提出了正确的发展理念和发展战略，采取了恰如其分的应对之策，中国经济经受住逆全球化潮流和新冠疫情带来的严峻考验，呈现出高质量发展的良好态势。

经济实力稳步增长。2020 年，中国国内生产总值突破 100 万亿元，在全球经济中占比高达 17%，对世界经济增长的贡献率达到 30% 左右。人均国内生产总值达到 1.05 万美元。这标志着中国已进入中高收入国家行列，中国的经济发展水平迈出坚实一步。

科技创新能力大幅提升。中国每年的研发经费投入总量居世界第二，劳动生产率和科技进步贡献率稳步提高，通过《专利合作条约》（PCT）提交国际专利申请量跃居世界第一，载人航天、探月工程、

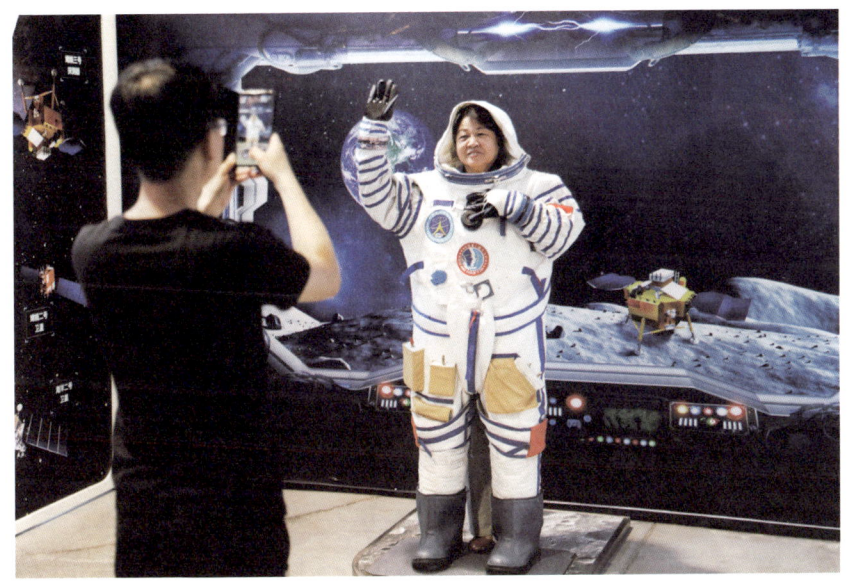

2019 年 6 月 27 日，黑龙江哈尔滨"创新决胜未来"科普展吸引大批游客参观。

超级计算、集成电路、量子通信、生物工程、人工智能、深地深海等前沿领域取得重大进展，国家战略科技力量明显提升。

经济结构持续优化。2019 年，中国社会消费品零售总额达 41.2 万亿元，稳居世界第一大市场，最终消费支出对经济增长的贡献率在 60% 以上。近年来，中国产业结构持续优化，粮食产量连续多年保持在 1.3 万亿斤以上，制造业增加值多年位居世界首位，规模以上高技术产业增加值占比持续上升，服务业增加值占国内生产总值比重超过 50%，信息传输、软件和信息技术服务业等新兴服务业增速高达 20% 左右，成为助推服务业持续增长的新动能。

中高端产业结构正在形成。中国战略性新兴产业和先进制造业加速壮大，智能制造深入推进，工业互联网发展进入快车道，一批数字化车间和智能工厂初步建成。云计算、大数据、物联网、人工智能、区块链等新技术新业态蓬勃兴起，数字经济发展势头良好，对国民经

2021 年 7 月 24 日，山东省乡村振兴和文化旅游重大项目——莒县莒国古城首期商业街区免费对公众开放，群众在现场表演太极。

济增长的贡献率不断提高。绿色制造工程持续推进，2016—2019 年全国规模以上工业企业单位工业增加值能耗累计下降超过 15%，万元工业增加值用水量累计下降 27.5%。"增品种、提品质、创品牌"战略深入实施，标准体系持续完善。区域布局不断优化，一批先进制造业集群加快发展壮大。

现如今，中国人均 GDP 已经突破 1 万美元，并开始向高收入国家行列挺进。更重要的是，中国的产业结构、需求结构、收入分配结构明显优化，新经济新动能快速增长并达到可观规模，使中国经济实现了量的合理增长和质的稳步提升。这些都是中国进入高质量发展阶段的鲜明特征。

当然，推动经济高质量发展，中国还有很多事情需要做。为此，中共十九届五中全会在中长期规划建议中提出：以高质量发展为主题，把科技自立自强作为国家发展的战略支撑，强化国家战略科技力量；加快发展现代产业体系，提高经济质量效益和核心竞争力；优先发展农业农村，坚持走中国特色社会主义乡村振兴道路，全面实施乡村振兴战略，加快农业农村现代化；健全区域协调发展体制机制，完善新型城镇化战略，构建高质量发展的国土空间布局和支撑体系；深入实施可持续发展战略，构建生态文明体系，促进经济社会发展全面绿色转型；实施更大范围、更宽领域、更深层次对外开放，建设更高水平开放型经济新体制；改善人民生活品质，增强人民群众获得感、幸福感、安全感，促进人的全面发展。这些战略部署，描绘了高质量发展的美好前景，为推动中国社会全面进步指明了方向。

第八章 全面建设社会主义现代化国家

在新中国成立特别是改革开放以来的长期探索和实践基础上，经过党的十八大以来在理论和实践上的创新突破，我们成功推进和拓展了中国式现代化。世界上既不存在定于一尊的现代化模式，也不存在放之四海而皆准的现代化标准。我们推进的现代化，是中国共产党领导的社会主义现代化，必须坚持以中国式现代化推进中华民族伟大复兴，既不走封闭僵化的老路，也不走改旗易帜的邪路，坚持把国家和民族发展放在自己力量的基点上、把中国发展进步的命运牢牢掌握在自己手中。

——习近平在省部级主要领导干部"学习习近平总书记重要讲话精神，迎接党的二十大"专题研讨班上的讲话

稳步推进国家现代化发展

新中国成立后，中国开始探索新历史时期国家建设道路。1963年，中央工作会议提出，国民经济发展可以分两步考虑：第一步，建立一个独立的比较完整的工业体系和国民经济体系，使中国的工业大体上接近世界先进水平；第二步，使中国工业走在世界前列，全面实现农业、工业、国防和科学技术现代化。1964年，中国三届全国人大一次会议正式提出了实现"四个现代化"问题，即要"在不太长的历史时期内，把中国建设成为一个具有现代农业、现代工业、现代国防和现代科学技术的社会主义强国"。1975年，中国四届全国人大一次会议上重申并明确时间表，提出第一步在1980年以前，建成一个独立的比较完整的工业体系和国民经济体系，第二步在20世纪内，全面实现农业、工业、国防和科学技术的现代化，使中国国民经济走在世界前列。这一时期的目标总体较为冒进，但也为后期部署提供了经验借鉴。

改革开放后，中国共产党中央领导集体继承了"四个现代化"的战略构想，但立足于基本国情，也认识到任务的艰巨性和挑战性，赋予了现代化新的内涵，规划步骤也更加科学具体。1979年，中国改革开放总设计师邓小平在会见时任日本首相大平正芳时指出，中国要实现的现代化是中国式的现代化，是小康之家式的现代化。此后，建设小康社会的阶段性目标逐渐清晰。1982年，中共十二大正式提及小康目标，制定了到20世纪末分两步走达到小康水平的目标规划。之后，邓小平对中国现代化建设进行了更加全面和长远的思考。1987 年 8 月，邓小平在会见意大利客人时指出："中国经济发展分三步走，本世纪走两步，达到温饱和小康，下个世纪用三十年到五十年时间再走一步，达到中等发达国家的水平。这就是我们的战略目标，这就是我们的雄心壮志。"后来，这个目标在全党、全社会形成共识。1987 年，中共十三大明确了中国国民经济发展"三步走"战略，不仅确定分两步在 20 世纪末实现国民生产总值比 1980 年翻两番，并且提出要在 21 世纪中叶使人均国民生产总值达到中等发达国家水平，基本实现现代化。此后，这个目标在实践中得到不断充实。

面临世纪之交，中共对"三步走"战略中第三步开始进行规划。1992 年，中共十四大提出：在 20 世纪 90 年代要初步建立起新的经济体制，实现达到小康水平的第二步发展目标；到中国共产党成立一百周年（2021 年）的时候在各方面形成一整套更加成熟、更加定型的制度；在此基础上，到 21 世纪中叶中华人民共和国成立一百周年（2049 年）的时候，就能够达到基本实现社会主义现代化的第三步发展目标。此时，"两个一百年"目标初步提出。五年之后，在对历史、当前和未来发展阶段和内外部条件作出基本判断的基础上，中共十五大作出具体部署，提出建党一百年时使国民经济更加发展，各项制度更加完善，建国一百年时基本实现现代化，建成富强、民主、文明的社会主义国家。

进入 21 世纪后，中国共产党对第一个百年目标进行了具体设计。2002 年，中共十六大提出了新的奋斗目标：21 世纪头 20 年国内生产总值比 2000 年翻两番、全面建设更高水平的小康社会；到 21 世纪中叶基本实现现代化，把中国建成富强民主文明的社会主义国家。2007 年 10 月，中共十七大提出了 21 世纪前 20 年人均国内生产总值比 2000 年翻两番、全面建设小康社会的任务。到 2010 年，"新三步走"的第一步战略目标已圆满实现，中国经济总量跃升到世界第 2 位。2012 年 11 月，中共十八大指出，将在中国共产党成立一百年时全面

2021 年 6 月 14 日，浙江省杭州市淳安县枫树岭镇下姜村，葡萄园、草莓园、桃园现代化智能农业园区呈现出一派新农村的美丽图景。

建成小康社会，在新中国成立一百年时建成富强民主文明和谐的社会主义现代化国家。由此，中国未来数十年的复兴梦想具体化为"两个一百年"的总规划、总追求。

随着 21 世纪第二个十年的到来，综合国际国内形势和中国发展条件，中国共产党作出了中国特色社会主义进入新时代的重要判断，这也是未来中国发展新的历史方位。2017 年中共十九大报告提出，从此时到 2020 年是全面建成小康社会决胜期，并对向第二个百年奋斗目标进军的路线进行了细化，提出从 2020 年到 2035 年要基本实现社会主义现代化，从 2035 年到 21 世纪中叶要把中国建成富强、民主、文明、和谐、美丽的社会主义现代化强国。这一重大部署不仅把基本实现现代化目标的时间提前了 15 年，还增加了"美丽"两字，进一步丰富了现代化国家的内涵。

2021 年，恰好是中国共产党 100 周年诞辰。经过百年奋斗，中国共产党实现了其庄严承诺，如期实现了"第一个百年"现代化发展目标，开始向"第二个百年"目标奋进。对于历经苦难与辉煌的中华民族来说，现代化强国，曾是如此诱人却遥不可及的梦想和无数仁人志士前仆后继不懈奋斗的目标，即将在中国这一代人手中成为现实！

彻底摆脱贫困

消除贫困、改善民生、实现共同富裕，是社会主义的本质要求，也是决胜全面建成小康社会的标志性指标，是中国共产党对人民的庄严承诺。改革开放后，中国共产党在推动经济快速发展的同时，发挥社会主义制度优越性，开展大规模的反贫困工作。经过持续 30 余年的努力，中国从体制改革式扶贫到大规模开发式扶贫，成功实现了 7 亿农村人口摆脱贫困。至 2012 年底，中国的贫困人口还剩 9899 万人。国际经验表明，当一国贫困人口数占总人口的 10% 以下时，减贫就进入"最艰难阶段"。

形势逼人，形势不等人。中共十八大以来，以习近平同志为核心的党中央把脱贫攻坚摆在治国理政突出位置，提出"精准扶贫"等新思想理念，作出打赢脱贫攻坚战等一系列重大部署和安排，贫困地区群众生产生活条件显著改善，贫困群众获得感显著增强。

——创造了中国减贫史上最好成绩。中国全国现行标准下的农村贫困人口由 2012 年底的 9899 万人减少到 2017 年底的 3046 万人，5 年累计减贫 6853 万人，减贫幅度达到 70% 左右。贫困发生率由 2012 年底的 10.2% 下降到 2017 年底的 3.1%，下降 7.1 个百分点。

安徽省六安市舒城县山七镇燕春村志菊家庭农场的"网红农民"张志菊，从自己养猪、养鸡、养羊发展到成立志菊农民专业合作社，已带动周边600多户增收。

——促进了贫困地区加快发展。全国各地加强产业扶贫，贫困地区特色优势产业和旅游扶贫、光伏扶贫、电商扶贫等新业态快速发展，增强了贫困地区内生发展活力和动力。通过生态扶贫、易地扶贫搬迁、退耕还林等，贫困地区生态环境明显改善，实现了生态保护和扶贫脱贫一个战场、两场战役的双赢。通过基础设施和公共服务建设，贫困地区特别是农村基础条件明显改善，改变了贫困地区整体面貌。

——构筑了全社会扶贫强大合力。中国坚持政府投入的主体和主导作用，深入推进东西部扶贫协作、党政机关定点扶贫、军队和武警部队扶贫、社会力量参与扶贫。中央财政专项扶贫资金年均增长22.7%，省级财政专项扶贫资金年均增长26.9%。贫困县统筹整合财政涉农资金用于脱贫攻坚，累计整合5296亿元。金融部门安排易地扶贫搬迁专项贷款 3500 亿元，扶贫小额信贷累计发放 4300 多亿元，扶贫再贷款累计发放 1600 多亿元。东西部扶贫协作，342 个东部经济较发达县结对帮扶 570 个西部贫困县，促进了西部地区脱贫攻坚和区域协调发展。定点扶贫畅通了党政机关特别是中央和国家机关了解农村和贫困地区的渠道，推进了作风转变和干部培养。社会各界广泛参与扶贫。中央企业开展贫困革命老区"百县万村"帮扶行动，民营企业开展"万企帮万村"精准扶贫行动。这些活动既有力推动了贫困村和贫困群众脱贫致富，又弘扬了中华民族扶贫济困的优良传统。

这一时期，尽管脱贫攻坚取得了巨大成就，但仍然面临一些严重困难和亟待解决的问题。从脱贫攻坚任务看，截至 2017 年底，中国全国农村贫困人口还有 3046 万人，贫困发生率仍在 3% 以上。2017 年到 2020 年这三年，要实现脱贫 3000 多万人，平均每年 1000 多万人，压力不小，难度不小。深度贫困地区脱贫攻坚任务艰巨，而且脱贫攻坚越往后，遇到的越是难啃的硬骨头。同时，建档立卡贫困人口中，

2021 年 7 月 27 日拍摄的湖南省永州市新田县工业园易地扶贫搬迁集中安置点

因病、因残致贫比例居高不下，分别超过 40% 和 14%，缺劳力、缺技术的比例分别占到 32.7% 和 31.1%，65 岁以上老人占比超过 16%，这些人群的比例越往后将会越高，是贫中之贫、艰中之艰。化解特殊贫困群体难题是打好脱贫攻坚战面临的最为突出的挑战。

针对脱贫工作中存在的种种困难与问题，2017 年，中共十九大对打好脱贫攻坚战作出总体部署，明确三年攻坚战的时间表和路线图，吹响"打好脱贫攻坚战"的号角。随后，中国政府对攻坚战进行具体安排，提出把提高脱贫质量放在首位，扎实推进各项工作，全面打好脱贫攻坚战。主要做法包括：

坚持目标标准不动摇。脱贫攻坚的目标就是要做到"两个确保"：确保现行标准下的农村贫困人口全部脱贫，消除绝对贫困；确保贫困县全部摘帽，解决区域性整体贫困。扶贫标准是确定扶贫对象、制定帮扶措施、考核脱贫成果的重要"度量衡"。中国共产党和中国政府反复强调，脱贫攻坚期内，扶贫标准就是稳定实现贫困人口"两不愁三保障"（不愁吃、不愁穿，义务教育、基本医疗、住房安全有保障）、贫困地区基本公共服务领域主要指标接近全国平均水平。

健全完善中央统筹、省负总责、市县抓落实的管理体制。中央统筹，就是要做好顶层设计，主要是管两头，一头是在政策、资金等方面为地方创造条件，另一头是加强脱贫效果监管。省负总责，就是要做到承上启下，把中共中央大政方针转化为实施方案，加强指导和督导，促进工作落地。市县抓落实，就是要因地制宜，从当地实际出发，推动脱贫攻坚各项政策措施落地生根。同时，中央改进考核评估机制，根据脱贫攻坚进展情况不断完善，让省负总责既体现在工作要求和责任上，也体现在考核上；改进第三方评估方式，缩小范围，简化程序，主要评估"两不愁三保障"实现情况；对贫困县退出的专项评估检查，交由省里组织，中央结合督查巡查进行抽查，确保贫困县退出的真实性。

在精准上继续下大功夫。建档立卡工作的重点是加强数据共享和数据分析，为宏观决策和工作指导提供支撑。精准施策，就是要按照因地制宜、因村因户因人施策的要求，扎实做好精准扶贫重点工作，尤其要做好产业扶贫和易地扶贫搬迁。产业扶贫，要以实现产业增收为目标，防止急功近利。易地扶贫搬迁要稳步推进，需要搬迁的应搬尽搬，同步搬迁的逐步实施；要结合实施乡村振兴战略，通过实施生态搬迁和有助于稳定脱贫、逐步致富的其他搬迁，帮助贫困农民尽快富裕起来。

完善扶贫专项资金管理机制。扶贫资金量大、面广、点多、线长，监管难度大，社会各方面关注高。中国政府持续增加扶贫资金投入，确保扶贫投入同脱贫攻坚目标任务相适应；加强资金整合，理顺涉农资金管理体系，确保整合资金围绕脱贫攻坚项目精准使用，提高使用效率和效益；建立县级脱贫攻坚项目库，加强项目论证和储备，防止

2021 年 7 月 15 日，江苏省连云港市连云区一家扶贫车间里，工人正在按照订单赶制一批编织袋。

资金闲置和损失浪费；健全公告公示制度，省、市、县扶贫资金分配结果一律公开，乡、村两级扶贫项目安排和资金使用情况一律公告公示，接受群众和社会监督；加大惩治力度，对扶贫领域腐败问题零容忍。

激发贫困人口的内生动力。贫困群众既是脱贫攻坚的对象，更是脱贫致富的主体。中国政府注重加强扶贫同扶志、扶智相结合，激发贫困群众积极性和主动性，激励和引导他们靠自己的努力改变命运，使脱贫具有可持续的内生动力；改进帮扶方式，多采取以工代赈、生产奖补、劳务补助等方式，组织动员贫困群众参与帮扶项目实施，提倡多劳多得，不包办代替和简单发钱发物；加强教育引导，通过常态化宣讲和物质奖励、精神鼓励等形式，促进群众比学赶超，提振精气神。

中国的三年脱贫攻坚力度之大、规模之广、影响之深，前所未有，取得了决定性进展。截至2020年末，中国现行标准下农村贫困人口全部脱贫，贫困发生率下降至0.6%以下。全国832个贫困县已全部脱贫摘帽，区域性整体贫困基本得到解决，"三区三州"深度贫困地区贫困发生率降至2%以下。到2020年，建档立卡贫困人口人均纯收入由2016年的4124元增加到近1万元，年均增幅30%左右，很多农村老百姓生活有了质的飞跃。脱贫攻坚战取得最终胜利，谱写了人类反贫困历史新篇章。正如联合国秘书长古特雷斯所说，中国取得脱贫攻坚全面胜利，这一非凡成就为整个国际社会带来了希望，提供了激励。

中国扶贫事业之所以如此成功，离不开中国共产党的领导及千千万万党员干部的无私奉献。在中国扶贫攻坚战中，无数党员干部前仆后继地加入这场时代的接力赛，有近300万名扶贫干部投入扶贫一线，超过1800人牺牲在脱贫攻坚岗位上。可以说，世界上没有哪一个国家，能在这么短的时间内，推动这么多优秀干部人才向最偏远、最艰苦的地方聚集，帮助那么多地区摆脱贫困，让那么多家庭彻底改变命运。这就是中国能够创造奇迹的原因。

全面建成小康社会

在庆祝中国共产党成立 100 周年大会上，中共中央总书记习近平向全世界宣布：经过全党全国各族人民持续奋斗，中国成功实现了第一个百年奋斗目标，在中华大地上全面建成了小康社会，历史性地解决了绝对贫困问题，正在意气风发向着全面建成社会主义现代化强国的第二个百年奋斗目标迈进。

事实确实如此。与 100 年前相比，今天的中国已经发生了翻天覆地的变化。1921 年，中国产生了共产党。那时候，中华民族呈现在世

2021 年 6 月 28 日，庆祝中国共产党成立 100 周年文艺演出《伟大征程》在国家体育场举行。

界面前的是一派衰败凋零的气象，人民食不果腹、衣不蔽体、颠沛流离，被西方人称为"东亚病夫"。数据最能说明问题。1920年，上海纱厂工人的工资每天0.27—0.30元，每月合7.3—8.1元，而根据租界"工商部局"调查，同期上海工人的生活费仅夫妻二人每月就需16元。根据对北京近郊的调查，1923年一般农户年收入93.1元，衣食杂项开支达135元，尚亏欠41.9元。1921年，我国钢产量只有7.68万吨，全国公路不足1万公里，全国铁路通车里程1.13万公里。清政府从1842年到1912年签订了411个不平等条约，北洋军阀政府在位15年签订了243个不平等条约。

1929年，上海《生活周刊》曾刊登一篇《十问未来之中国》的文章，椎心泣血地问道：吾国何时可稻产自丰、谷产自足，不忧饥馑？吾国何时可产巨量之钢铁、枪炮、舰船，供给吾国之边防军？吾国何时可行义务之初级教育、兴十万之中级学堂、育百万之高级学子？……这十问，饱含着当年国人的苦难与屈辱、希冀与梦想。

1949年新中国成立时，中国共产党接手的是国民党留下的千疮百孔的烂摊子。在列入统计的世界141个国家中，只有10个国家的人均国内生产总值低于中国。新中国成立后，中国人民当家做主，在中国共产党的领导下，为了建设美好新生活自力更生、发愤图强，敢教日月换新天，创造了伟大成就。改革开放后，在中国共产党的领导下，中国经济建设成就举世瞩目，创造了世所罕见的经济快速发展奇迹和社会长期稳定奇迹。

今天的中国，经济实力显著增强。从新中国成立前的积贫积弱到新中国成立后特别是改革开放以来经济快速发展，中国经济总量相继超越意大利、法国、英国、德国、日本，2010年起稳居世界第二，实现了从低收入国家向中高收入国家的历史性跨越。国内生产总值从1952年的679.1亿元跃升至2020年的101.6万亿元，实际增长189倍，人均GDP从119元提高到7.2万元。中国目前已是世界制造业第一大国、货物贸易第一大国、商品消费第二大国、服务贸易第二大国、使用外资第二大国、对外投资第一大国。经济实力的快速提升不仅深刻改变了中国，也深刻影响了世界。

今天的中国，工农业尤其是科技创新成果丰硕。农业方面，旧中国约 80% 的人口长期处于饥饿半饥饿状态，现在人均粮食占有量已达 474 公斤，主要农产品产量稳居世界前列。工业方面，新中国成立前连火柴、肥皂、煤油、水泥、铁钉都需要进口，今天中国 220 多种工业品产量位居世界第一，新一代信息技术、高端装备制造、新材料等战略性新兴产业蓬勃发展。当前，中国研发经费投入位居世界第二，研发人员总量、发明专利申请量位居世界第一，"嫦娥"飞天、"蛟龙"入海、"天眼"观星、"北斗"组网，不少领域实现与世界先进水平并跑或领跑。在科技进步支撑下，产业发展水平不断提升、结构持续优化。服务业增加值从 1952 年的 195 亿元增长到 2020 年的 55.4 万亿元，以"互联网 +"为标志的电子商务、软件信息、移动支付、共享经济等新业态新模式层出不穷。基础设施建设成就显著，信息畅通、公路成网、铁路密布、西气东输、南水北调、高坝矗立、大桥巍峨，天堑变通途。城乡区域协调发展，重大战略深入实施。农村面貌发生了翻天覆地的变化，从土地改革到农业社会主义改造，从实行家庭联产承包责任制、乡镇企业异军突起、取消农业税到农村承包地"三权"分置、打赢脱贫攻坚战、实施乡村振兴战略，农村发展不断迈上新台阶。

今天的中国，城市建设日新月异。新中国成立之初城镇人口所占比重仅为 10.6%，2020 年常住人口城镇化率超过 60%，城市数量由 132 个增至 2019 年的 684 个，"19+2"城市群格局基本建成，城镇规模结构不断改善、功能日益提升，以城带乡、城乡融合发展取得长足进展。区域发展成就辉煌，从推进"三线建设"、鼓励沿海地区率先发展到统筹推进西部开发、东北振兴、中部崛起、东部率先，再到深入实施京津冀协同发展、长江经济带发展、粤港澳大湾区建设、长三

连接深圳和香港的深圳湾大桥

角一体化发展、黄河流域生态保护和高质量发展等区域重大战略，区域发展协调性不断增强，新的增长极、增长带加快形成。

今天的中国，生态环境明显改善。中国深入实施节约资源和保护环境基本国策，"绿水青山就是金山银山"理念深入人心，生态文明制度体系加快形成，生态文明建设持续加力。山水林田湖草沙一体化保护和系统治理统筹推进，森林覆盖率从新中国成立之初的 8.6% 提高到 2020 年的 23.04%，生态环境质量总体改善。节能减排强力推进，能耗强度和碳排放强度持续下降，煤炭占能源消费比重由 1953 年的 94.4% 降至 2020 年的 56.8%，天然气、水电、核电、风电等清洁能源占比达 24.3%。中国积极参与和引导应对气候变化国际合作，向世界作出"力争 2030 年前实现碳达峰、2060 年前实现碳中和"的庄严承诺。

今天的中国，已深度融入世界经济。从兴办经济特区、沿海沿边沿江沿线和内陆中心城市对外开放，到加入世界贸易组织、共建"一带一路"、设立自由贸易试验区和自由贸易港，从"引进来"到"走出去"，从商品和要素流动型开放到规则等制度型开放，中国全方位、多层次、宽领域的全面开放格局加快形成。货物进出口总额从 1950 年的 11.3 亿美元增加到 2020 年的 4.65 万亿美元，累计利用外资超过 2.4 万亿美元。共建"一带一路"不断走深走实，中国已与 140 个国家、32 个国际组织签署 200 多份合作文件，中欧班列开行超 4 万列。

今天的中国，国泰民安，人心凝聚。人民生活实现了从解决温饱到总体小康再到全面小康的巨大跨越，人民群众的获得感、幸福感、安全感不断增强。7.7 亿农村贫困人口摆脱贫困，困扰中华民族几千年的绝对贫困问题得到历史性解决。居民人均可支配收入从 1949 年

2020 年 10 月 11 日，在山东荣成市民文化活动公园，1000 多名群众敲起腰鼓、舞起彩绸，共同抒发走向全面小康生活的喜悦。

的 49.7 元增长到 2020 年的 3.2 万元，目前中等收入群体超过 4 亿人。教育事业全面发展，新中国成立之初 80% 的人口是文盲，2020 年九年义务教育巩固率达 95.2%，高等教育毛入学率超过 50%，劳动年龄人口平均受教育年限达 10.75 年。中国建成世界最大社会保障体系，公共卫生和医疗保障能力水平大幅提高。面对突如其来的新冠疫情，中国用 1 个多月的时间初步遏制疫情蔓延势头，用 2 个月左右的时间将本土每日新增病例控制在个位数以内，用 3 个月左右的时间取得武汉保卫战、湖北保卫战的决定性成果，在全球率先控制疫情，率先复工复产，率先实现经济增长由负转正。

这些历史性成就的取得，印证了中国全面建成小康社会目标的基本完成，也印证了中国第一个百年奋斗目标的顺利实现。只有经历过深重的苦难，才能深切感受幸福生活的来之不易。只有透过时间的长河，才能深刻理解全面建成小康社会的伟大意义。

开启全面建设社会主义现代化国家新征程

全面建成小康社会，完成第一个百年奋斗目标，这是中国人民不屈不挠、长期奋斗的果实，更是启航新征程、扬帆再出发的动员。现在，中国共产党团结带领中国人民又踏上了实现第二个百年奋斗目标新的赶考之路，开启建设社会主义现代化国家新征程。

建设社会主义现代化国家，一直是中国共产党和中国人民的奋斗目标。经过多年的奋斗，中国共产党领导中国人民创造了中国式现代化新道路，创造了人类文明新形态。按照中国共产党"第二个百年"奋斗目标构想，到 21 世纪中叶，中国要建成富强民主文明和谐美丽的社会主义现代化强国。到那时，中国物质文明、政治文明、精神文明、社会文明、生态文明将全面提升，实现国家治理体系和治理能力现代化，成为综合国力和国际影响力领先的国家，全体人民共同富裕基本实现，中国人民将享有更加幸福安康的生活，中华民族将以更加昂扬的姿态屹立于世界民族之林。

与西方现代化不完全一样，中国式的现代化新道路不仅有各国现代化的共同特征，也有基于本国国情的特色。

中国式现代化是人口规模巨大的现代化。迄今为止，全球能够称得上过上富裕日子的所谓发达国家的全部人口，加起来不过10亿人，而且他们的富裕生活是经过几百年工业化历程、消耗大量不可再生资源才换来的。中国仅仅用几十年时间，就让超过14亿的人口过上相对富裕的生活。在不断推进社会主义现代化建设的伟大实践中，中国完成了消除绝对贫困的艰巨任务，培育了4亿多中等收入群体，人民生活质量显著改善，社会保持和谐稳定，国家治理体系和治理能力达到新高度，发展成就举世瞩目。中国这个世界上最大发展中国家实现现代化，意味着比现在所有发达国家人口总和还要多的中国人民将进入现代化行列，这将彻底改写现代化的世界版图，必将成为人类历史上前所未有的壮举。

与西方现代化道路不同的是，中国所追求的现代化是以人民为中心的现代化。中国共产党从成立之日起，就坚持把为中国人民谋幸福、为中华民族谋复兴作为初心使命。习近平总书记指出，现代化的本质是人的现代化。中国式现代化征程实际上就是从优先关注人的发展，并大力投资教育和健康起步的。新中国成立之初，全国80%的人口是文盲，人均预期寿命仅有35岁，社会保障几乎为空白。中国不断推进现代化的过程，也是人口素质显著提升、民生福祉不断增进的过程。当前，中国高等教育毛入学率达到55%左右，人均预期寿命达到77.3岁，建成了世界上规模最大的社会保障体系。可以说，促进人的全面发展，进而带动经济发展，是中国式现代化的一大特色。这样的发展思路，不同于西方短期利益最大化的发展逻辑，看重的是人民的长期利益，计较的不是短期利害得失。

2021 年 6 月 17 日，海外华文媒体代表在四川省昭觉县涪昭现代农业产业园区的智能玻璃温室大棚内参观。

中国式现代化是共同富裕的现代化。富裕是各国现代化追求的目标，但中国式现代化追求的是共同富裕。正如习近平总书记所指出的，"共同富裕本身就是社会主义现代化的一个重要目标。"共同富裕凸显了中国式现代化的社会主义性质，丰富了人类现代化的内涵。

消除贫困、改善民生、逐步实现共同富裕，是社会主义的本质要求，是中国现代化的重要使命。改革开放之初，中国共产党就提出，一部分地区有条件先发展起来，一部分地区发展慢点，先发展起来的地区带动后发展的地区，最终达到共同富裕。随着改革开放和社会主义现代化建设取得巨大成功，中国特色社会主义进入新时代。站在新的历史起点上，以习近平同志为核心的中共中央把脱贫攻坚摆在治国理政的突出位置，组织开展了声势浩大的脱贫攻坚战。脱贫攻坚战已经取得全面胜利，现行标准下农村贫困人口全部脱贫，区域性整体贫困得到解决，创造了彪炳史册的人间奇迹。整体摆脱贫困，是社会主义中国迈向共同富裕的重要一步。

当然，在一个14亿多人口的大国实现全体人民共同富裕，是一项前无古人的伟大事业，需要新时代共产党人接续奋斗。中共十九届五中全会提出：到2035年"人均国内生产总值达到中等发达国家水平，中等收入群体显著扩大，基本公共服务实现均等化，城乡区域发展差距和居民生活水平差距显著缩小"，"全体人民共同富裕取得更为明显的实质性进展"。这些论述，指明了实现共同富裕的前进方向，描绘了实现共同富裕的宏伟蓝图。此后，中共中央、国务院支持浙江建设"共同富裕示范区"，目的在于探索破解当前社会主要矛盾的有效途径，为在全国实现共同富裕提供成功的范例。

中国式现代化是走和平发展的现代化。中华民族的血液中没有侵略他人、称王称霸的基因。中国没有走历史上一些国家依靠侵略和扩张实现崛起的老路，而是坚定致力于探索一条以和平方式实现国家发

近年来，浙江省湖州市义皋村重视古村落传统文化价值，对古建筑进行保护性开发改造，村容村貌得到了极大的提升。

展和民族复兴的新路。20 世纪 70 年代末以来，中国牢牢把握和平与发展这一时代主题，顺势而为，开启改革开放的伟大进程。经过长期不懈努力，中国已成为世界第二大经济体，对全球经济增长贡献率连续多年保持在 30% 左右。特别是中共十八大以来，在以习近平同志为核心的中共中央坚强领导下，党和国家事业取得历史性成就、发生历史性变革。2020 年中国 GDP 超过 101 万亿元，如期完成脱贫攻坚目标任务，创造了举世瞩目的现代化建设新成就，为全面建成社会主义现代化强国奠定了坚实基础。

中国的现代化成就，是靠中国共产党带领中国人民自力更生、艰苦奋斗、接续拼搏得来的，也是中国走和平发展道路的硕果。新中国成立 70 多年来，中国从没有主动挑起过任何一场战争和冲突。中国在坚定维护世界和平中谋求自身发展，又以自身发展更好地维护世界和平。中国坚持开展对外援助，支持和帮助广大发展中国家消除贫困，是联合国维和行动第二大出资国和派出维和人员最多的联合国安全理事会常任理事国。当今世界正经历百年未有之大变局，中国积极倡导构建人类命运共同体，坚持相互尊重、平等协商，坚持走对话而不对抗、结伴而不结盟的新路，走出了一条通过合作共赢实现共同发展、和平发展的现代化道路，打破了"国强必霸"的大国崛起传统模式，提供了通向现代化的新道路。

中国式现代化的成功实践表明，西方现代化道路并非人类通向现代化的唯一道路，中国式现代化道路拓展了发展中国家走向现代化的途径，给世界上那些既希望加快发展又希望保持自身独立性的国家和民族提供了全新选择，为解决人类问题贡献了中国智慧和中国方案。

当然，中国人民深知，在中国全面建设社会主义现代化国家不会是一帆风顺的，肯定会遇到这样那样的困难和阻力。但是，不管乱云飞渡、风吹浪打，中国共产党和中国人民将保持战略定力，永葆初心、牢记使命，以坚如磐石的意志、只争朝夕的劲头、坚韧不拔的毅力，一步一个脚印地把前无古人的伟大事业推向前进，创造让世界刮目相看的新的更大奇迹。

第九章 倡导构建人类命运共同体

中国古人说："善学者尽其理，善行者究其难。"构建人类命运共同体是一个美好的目标，也是一个需要一代又一代人接力跑才能实现的目标。中国愿同广大成员国、国际组织和机构一道，共同推进构建人类命运共同体的伟大进程。

——习近平 2017 年 1 月 18 日在联合国日内瓦总部的演讲

坚持走和平发展道路

中国人民热爱和平，珍惜和平，秉持和合与共的价值理念。早在20世纪50年代，中国就同印度、缅甸等国家一起，顺应历史潮流，共同倡导了互相尊重主权和领土完整、互不侵犯、互不干涉内政、平等互利、和平共处的五项原则。和平共处五项原则生动反映了联合国宪章宗旨和原则，充分体现了相互尊重、和平、发展、公平、正义、民主、自由等人类共同的价值观。如今，和平共处五项原则不仅成为中国处理与世界各国关系的行动指南，而且被世界上绝大多数国家接

2018年11月9日，中国作为安理会当月轮值主席在纽约联合国总部举行主题为"维护国际和平与安全：加强多边主义和联合国作用"的公开辩论。

受，成为规范国际关系的重要准则。

始终走和平发展道路，是中国坚持和平共处五项原则、顺应和平与发展的时代主题作出的战略抉择，是对国际社会关注中国发展走向的积极回应，更是中国人民对实现自身发展目标的自信和自觉。这种自信和自觉，来源于中华文明的深厚渊源，来源于对实现中国发展目标条件的认知，来源于对世界发展大势的把握。

中国人民热爱和平、珍爱和平，走和平发展道路有深邃的历史文化底蕴。正如中国国家主席习近平所说，有着五千多年历史的中华文明，始终崇尚和平，和平、和睦、和谐的追求深深植根于中华民族的精神世界之中，深深溶化在中国人民的血脉之中。"和"是中国文化的核心，中国"和"文化源远流长，蕴含着天人合一的宇宙观、协和万邦的国际观、和而不同的社会观、人心和善的道德观。中国历史上曾经长期是世界上最强大的国家之一，但没有留下殖民和侵略他国的记录。坚持走和平发展道路，是对几千年来中华民族热爱和平的文化传统的继承和发扬。

中国坚持走和平发展道路，既享受世界和平的红利，又为世界和平作出贡献。中国国家主席习近平说：中国坚持走和平发展道路，既积极争取和平的国际环境发展自己，又以自身发展促进世界和平；既让中国更好利用世界的机遇，又让世界更好地分享中国的机遇，促进中国和世界各国良性互动、互利共赢。中国40多年的改革开放取得巨大成功，中国人民生活水平得到前所未有的改善，都得益于总体和平的世界和周边环境；反过来，中国的自身发展既维护和促进了世界和平，也推动了世界共同发展。事实证明：没有和平，中国和世界都不可能顺利发展；没有发展，中国和世界也不可能有持久和平。

中国走和平发展道路，不是权宜之计；中国需要和平。正如中国国家主席习近平所说，中国需要和平，就像人需要空气一样，就像万物生长需要阳光一样。中国最需要和谐稳定的国内环境与和平安宁的国际环境，任何动荡和战争都不符合中国人民的根本利益。这是从历史、现实、未来的客观判断中得出的结论。中国明确提出了"两个一百年"的奋斗目标，还明确提出了实现中华民族伟大复兴的中国梦的奋斗目标。中国梦需要和平，只有和平才能实现梦想。历史将证明，实现中国梦给世界带来的是机遇不是威胁，是和平不是动荡，是进步不是倒退。拿破仑说过，中国是一头沉睡的狮子，当这头睡狮醒来时，世界都会为之发抖。现在，中国这头狮子已经醒了，但这是一只和平的、可亲的、文明的狮子。

中国人民不认同、不接受"国强必霸"的逻辑。近年来，随着中国快速发展，国际上有些人担心中国会走"国强必霸"的路子，一些人提出了所谓的"中国威胁论"。产生这样的看法和想法，大多数人士是由于认知上的误读，当然也有少数人是出于一种根深蒂固的偏见。两千多年前，中国人就深明"国虽大，好战必亡"的道理。纵观世界

2021年7月3日，第九届世界和平论坛在清华大学举行。本届论坛的主题为"后疫情时代的国际安全合作：维护和践行多边主义"。

历史，依靠武力对外侵略扩张最终都是要失败的，这是历史规律。此外，近代中国经历了一段积贫积弱的时期，长达百年的战祸离乱又让中国人坚信"己所不欲，勿施于人"的道理，中国即使发展强大起来，也不会称霸，不能让历史悲剧重演。中国始终坚持独立自主的和平外交政策，不干涉别国内政，反对任何形式的霸权主义和强权政治。那种只管自己、不顾别人，以武力降服别人，强行谋取发展空间和资源，以意识形态划线拉帮结伙等做法，在国际上不得人心，也越来越行不通。中国绝不走那些传统大国越走越窄的老路。

中国坚持走和平发展道路，也真诚希望世界各国都走和平发展这条道路。当今世界的潮流只有一个，那就是和平、发展、合作、共赢。历史和现实都证明，顺潮流者昌，逆潮流者亡。和平是宝贵的，是发展的前提。当然，和平也是需要维护的，当今世界破坏和平的因素始终值得人们高度警惕。如果只享受和平，不愿意维护和平，那和平就将不复存在，发展也就无从谈起。世界各国都要走和平发展道路，共同应对威胁和破坏和平的各种因素，携手建设持久和平、共同繁荣的和谐世界。

维护多边主义和文明多样化

实现中华民族伟大复兴，推动构建人类命运共同体，必须积极发展全球伙伴关系，扩大同各国的利益交汇点。在与世界上很多国家已经建立多种形式伙伴关系的基础之上，中国共产党和中国政府通盘谋划，整体推进大国、周边、发展中国家外交和多边合作，打造更富包容性和建设性的全球伙伴关系。通过构建覆盖全球的伙伴关系网络，中国的"朋友圈"越来越大。

大国关系事关全球战略稳定。推动构建总体稳定、均衡发展的大国关系框架至关重要。中国是大国稳定与协作的促进者。2019年，中

2021 年 8 月 17 日，中俄两国首座跨江铁路大桥——同江中俄黑龙江铁路大桥实现铺轨贯通。

国国家主席习近平对俄罗斯进行历史性访问，两国元首共同宣布发展中俄新时代全面战略协作伙伴关系，签署关于加强当代全球战略稳定的联合声明，中俄全面战略协作更加稳固。2020 年中俄双边货物贸易额 1077.7 亿美元，连续三年突破千亿美元大关。中国在俄外贸中的占比进一步提升，连续 11 年稳居俄第一大贸易伙伴国地位。

中美关系牵动世界目光，关乎各国利益。中美关系经历建交 40 多年来最严峻局面。面对美国反华势力的霸凌挑衅，中方开展有理有利有节的斗争，坚定维护国家主权、安全、发展利益，坚定维护国际关系准则和国际公平正义，坚定维护世界各国特别是广大发展中国家的正当权益。同时，中方保持对美政策的稳定性和连续性，以坚定和冷静的态度，建设性处理和管控分歧，努力维护国际体系的战略稳定。

中欧利益纽带更加紧密，双方强化协调合作，增进彼此互信，坚定维护多边主义，共同应对全球挑战。2020 年，双方如期完成中欧投资协定谈判，中欧全面战略伙伴关系增添时代内涵。2020年，中欧班列开行1.24万列、发送113.5万标箱，同比分别增长50%、56%，年度开行数量首次突1万列，单月开行均稳定在1000列以上，成为助力"一带一路"沿线各国抗疫的"钢铁驼队"。2021年2月，中国–中东欧国家领导人峰会达成的务实合作文件近90份，总价值近130亿美元，创历史之最。

中国与周边国家唇齿相依、命运与共，相互以德为邻是共同发展繁荣之基。近年来，中国坚持与邻为善、以邻为伴，坚持睦邻、安邻、富邻，提出"亲、诚、惠、容"的周边外交理念，不断深化同周边国家的互利合作和互联互通。中国同东盟关系进入全方位发展新阶段。2020年7月，"中国+中亚五国"通过视频方式举行首次外长会晤。会议通过并发表了《"中国+中亚五国"外长视频会议联合声明》，各方就推进中国同中亚国家合作、促进地区和平发展达成九点重要共识。11月，中国与东盟十国、日本、韩国、澳大利亚、新西兰正式签署了《区域全面经济伙伴关系协定》（RCEP）。这标志着当前世界上人口最多、经贸规模最大、最具发展潜力的自由贸易区正式启航。

广大发展中国家是中国在国际事务中的天然同盟军。2013年3月访问非洲时，中国国家主席习近平首次提出"真实亲诚"的对非工作理念；同年10月，他在周边外交工作座谈会上强调坚持正确义利观，多向发展中国家提供力所能及的帮助。秉持正确义利观和"真实亲诚"理念，中国同发展中国家的团结合作不断加强，各方向合作实现全覆盖。2018年是中国外交的"南南合作年"，从中拉、中阿到中非合作论坛，中国同发展中国家集体对话实现了全覆盖。2018年9月，中非合作论坛北京峰会成功召开，习近平提出"不干预非洲国家探索符合国情的发展道路，不干涉非洲内政，不把自己的意志强加于人，不在对非援助中附加任何政治条件，不在对非投资融资中谋取政治私利"等"五不"原则，树立了中国对非合作的自律标杆，展示了国际发展

2021 年 6 月 27 日，游客参观位于北京东单体育场旁的"走向世界"花坛。

合作的道德准则。2018 年 1 月，中拉论坛第二届部长级会议就支持和参与"一带一路"倡议发表特别声明，制定 2019 年至 2021 年中国与拉美和加勒比国家共同体成员国优先领域合作共同行动计划。2020 年，中阿合作论坛第九届部长级会议召开，中阿双方汇聚起团结抗疫、共克时艰的集体力量，表明了中阿相互支持、命运与共的政治意志，规划了中阿务实合作、共同发展的前进路径，开启南南合作关系崭新时代。

在当今世界百年未有之大变局下，中国顺应时代发展的潮流，推动全球治理体系朝着更加公正合理的方向发展，成为当今世界乱象中的中流砥柱。从二十国集团领导人峰会到中法全球治理论坛，从圣彼得堡国际经济论坛到金砖国家领导人会晤、亚洲文明对话大会，中国全面阐释多边主义的核心要义和时代内涵，倡导共商共建共享的全球治理观，发出践行多边主义、抵制单边主义、反对霸权主义的正义之声。中国大力提倡不同文明相互尊重、平等相待，美人之美、美美与共，开放包容、互学互鉴，与时俱进、创新发展，以中国文明观引领国际思潮前行，引发各方强烈共鸣。2020 年 9 月，中国发起《全球数据安全倡议》，提出全球数字治理应秉持多边主义、兼顾安全发展、坚守公平正义。2021 年 1 月，习近平在世界经济论坛"达沃斯议程"对话会上号召："让多边主义火炬照亮人类前行之路，向着构建人类命运共同体不断迈进！"

在维护多边主义的同时，中国始终维护各国各民族文明多样性。"海纳百川，有容乃大。"每一个国家和民族的文明都扎根于本国本民族的土壤之中，都有自己的本色、长处、优点。世界各国应该维护各国各民族文明多样性，加强相互交流、相互学习、相互借鉴，而不应该相互隔阂、相互排斥、相互取代；坚持求同存异、取长补短，不攻击、不贬损其他文明。历史反复证明，任何想用强制手段来解决文明差异的做法都不会成功，反而会给世界文明带来灾难。

求同存异是不同国家、不同文明间关系的应有之意，顺应了和平、发展、合作、共赢的历史潮流。各国地理位置不同，经济发展阶段不同，民族文化不同，社会制度和发展道路不同，但既然共同生活在地球村，就不应让不同成为合作障碍。各国只有平等相待、求同存异，才能弥补彼此合作短板，凝聚更大合力。同时，随着世界多极化、经济全球化、文化多样化、社会信息化深入发展，和平、发展、合作、共赢成为各国人民共同呼声。思维停留在弱肉强食、你输我赢、以邻为壑的旧时代，终将被时代所抛弃。唯有平等相待、求同存异，以新思维开辟新道路，才能跟上历史前进的滚滚车轮。

2019 年 4 月 22 日，观众在北京尤伦斯当代艺术中心参观"文明：当代生活启示录"展览。全球 120 多位摄影艺术家用 250 余幅作品展现了对于人类文明现状的思考。

各国间不仅要求同存异，而且更要聚同化异。求同共存、聚同化异，需要找到国与国之间的最大公约数。中国国家主席习近平指出，人类命运共同体汇聚着世界各国人民对和平、发展、繁荣向往的最大公约数。"构建人类命运共同体"的中国理念，深刻回答了"什么样的世界是美好世界、怎样建设美好世界"，为人类定义了一个光明的未来。

做一个负责任的发展中大国

2020 年 9 月 22 日，中国国家主席习近平在第七十五届联合国大会一般性辩论上发表讲话指出，国家之间有分歧是正常的，应该通过对话协商妥善化解。国家之间可以有竞争，但必须是积极和良性的，要守住道德底线和国际规范。大国更应该有大的样子，要提供更多全球公共产品，承担大国责任，展现大国担当。因此，世界各国观察中国发展，"要看中国取得了什么成就，更要看中国为世界作出了什么贡献"。中国顺应时代潮流，推动世界共同发展，生动诠释了一个负责任的发展中大国的良好形象。

中国的发展是世界经济的稳定器和动力源。改革开放以来，中国经济占世界经济总量的比重从 1978 年的 1.8% 提高到 2017 年的 15% 左右，稳居世界第二大经济体地位。2008 年国际金融危机以来，特别是 2012 年中共十八大以来，面对世界经济持续低迷、复苏缓慢，中国不断深化改革开放，市场活力快速激发，内需潜力不断释放，新动能逐步增强；主要宏观经济指标保持稳定，经济韧性好、潜力足、回旋余地大，经济增长的可持续性增强；连续多年对世界经济增长的贡献率超过 30%，成为世界经济增长的主要稳定器和动力源。在世界遭受新冠疫情冲击的背景下，2020 年中国是唯一实现正增长的主要经济体。同时，中国陆续推出一系列扩大开放的新措施，展现了中国扩大开放的坚定决心，也让国际社会进一步增强了共享中国发展机遇的信心。如今，中国正深入贯彻新发展理念，加快推进创新驱动发展战略，努力推动高质量发展，为世界经济作出更大贡献。

中国在危机之中展现出大国担当。2020 年，新冠疫情在全球暴发蔓延，成为第二次世界大战结束以来最严重的公共卫生危机，给世界造成全方位的冲击，给人类带来前所未有的挑战。作为世界和平的建设者、全球发展的贡献者、国际秩序的维护者，中国始终坚持共商共建共享的全球治理观，呼吁国际社会坚定维护联合国的权威和地位，恪守联合国宪章的宗旨和原则，维护以国际法为基础的国际秩序，支持联合国更有效地凝聚全球共识，动员全球资源，协调全球行动，与世界共同应对疫情挑战。坚持人民至上、生命至上，中国举全国之力抗击疫情，不仅取得国内疫情防控重大战略成果，还一直全力支持全球抗疫行动。联合国秘书长古特雷斯指出，中国人民"以牺牲正常生活的方式为全人类作出了贡献"。中国积极响应联合国发起的全球人道应对计划，向世界卫生组织提供5000万美元现汇援助，向150多个国家和国际组织提供物资援助，向200多个国家和地区出口防疫物资；宣布两年内提供20亿美元国际援助、与联合国合作在华设立全球人道主义应急仓库和枢纽、建立30个中非对口医院合作机制、中国新冠疫苗研发完成并投入使用后将作为全球公共产品、同二十国集团成员一道落实"暂缓最贫困国家债务偿付倡议"等重要举措。

中国为世界减贫事业作出重大贡献。消除贫困是人类共同理想。中国积极支持联合国消除贫困联盟的工作，与其他国家携手推进国际减贫合作。2020年，在疫情带来的巨大压力下，中国如期完成脱贫攻坚目标任务，全国832个贫困县全部脱贫摘帽。按照世界银行每人每

2021年3月13日凌晨，中国政府援助吉布提的新冠疫苗在北京启运。

天 1.9 美元的国际贫困标准，改革开放 40 多年来，中国让 8 亿多贫困人口脱贫，对世界减贫贡献率超过 70%，是全球最早实现千年发展目标中减贫目标的发展中国家。中国丰富的减贫经验值得许多国家学习和借鉴。中国在致力于自身消除贫困的同时，始终积极开展南南合作，力所能及地向其他发展中国家提供不附加任何政治条件的援助，支持和帮助广大发展中国家特别是最不发达国家消除贫困。根据世界银行研究报告，中国通过"一带一路"倡议等多项发展合作举措，将使相关国家约 760 万人摆脱极端贫困、3200 万人摆脱中度贫困。

中国推动建设美丽清洁的世界。早在 2015 年巴黎气候大会前，中国就分别与美国、法国发表了《元首气候变化联合声明》，推动谈判中一些重大问题共识的达成。2020 年 9 月，习近平主席在第七十五届联合国大会一般性辩论上发表重要讲话，表明中国将提高国家自主贡献力度，采取更加有力的政策和措施，二氧化碳排放力争于 2030 年前达到峰值，努力争取在 2060 年前实现碳中和。2020 年 12 月，习近平主席在气候雄心峰会上通过视频发表题为《继往开来，开启全球应对气候变化新征程》的重要讲话，提出加强全球气候治理的三点倡议，并宣布中国将进一步提高国家自主贡献力度。2021 年 3 月，中国国家主席习近平明确强调：实现碳达峰、碳中和是一场广泛而深刻的经济社会系统性变革，要把碳达峰、碳中和纳入生态文明建设整体布局，拿出抓铁有痕的劲头，如期实现 2030 年前碳达峰、2060 年前碳中和的目标。当今，应对气候变化已被全面纳入中国"十四五"规划（2021—2025），中国正以实际行动向世界传递着坚定走绿色低碳发展道路的积极信号，稳步推动着科学配置、生态优先、绿色发展，为各国携手应对气候挑战、推进绿色复苏作出重要贡献。

中国力量浇筑世界维和事业的基石。过去数十年来，中国军队实现了派遣维和人员从无到有、兵力规模从小到大、部队类型从单一到多样的历史性跨越。2015 年，中国国家主席习近平向全世界庄严作出支持联合国维和行动的6项承诺。作出承诺需要底气，兑现承诺体现担当。2017年9月，中国军队完成8000人规模维和待命部队在联合国的注册工作，包括10类专业力量的28支分队，他们严阵以待，蓄势待发。中国维和待命部队按照联合国标准严格施训，始终保持待命状态，是一支训练有素、装备精良、纪律严明的专业力量。中国是联合国维和行动所有出兵国中组建维和待命部队数量最多、分队种类最齐全的国家。中国以实际行动践行了维护世界和平的庄严承诺，向全世界展现了中国热爱和平、勇于担当的负责任大国形象，为构建人类命运共同体作出了不懈努力和突出贡献。在世界百年未有之大变局下，国际安全形势不稳定性不确定性增加，联合国维和行动受制因素日趋增多，职能任务日趋繁重，安全环境日益复杂，面临多重挑战和考验。对此，中国将继续发挥安理会常任理事国作用，坚定支持和参与联合

2019年10月1日，庆祝中华人民共和国成立70周年大会在北京天安门广场隆重举行。图为受阅的维和部队方队。

国维和行动，履行守护和平的庄严承诺，给冲突地区带去更多信心，让当地人民看到更大希望，永远做世界和平的建设者、全球发展的贡献者、国际秩序的维护者。

中国引领全球治理体系改革和建设。随着国际力量对比消长变化和全球性挑战日益增多，加强全球治理、推动全球治理体系改革和建设是大势所趋。中国是当代国际秩序参与者、维护者，也是改革者，努力为全球治理贡献中国智慧和力量。2014年3月，习近平出席在荷兰海牙举行的第三届核安全峰会，首次提出"理性、协调、并进"的核安全观。同年11月，亚太经合组织第二十二次领导人非正式会议在北京举行，确立了共建面向未来的亚太伙伴关系，启动亚太自贸区进程，批准《亚太经合组织互联互通蓝图（2015—2025）》，在近30个领域共取得100多项合作成果。2016年9月，二十国集团领导人杭州峰会上，中国引导协调各方在创新增长、结构性改革、多边投资、气候变化、可持续发展等重要问题上制定出一系列指导原则和指标体系，发表《二十国集团领导人杭州峰会公报》，核准28份核心成果文件，有力推动二十国集团从危机应对机制向长效治理机制转型。中国还成功举办了亚信上海峰会、金砖国家领导人厦门会晤等主场外交活动。近几年来，面对保护主义的抬头、单边霸凌的逆流，中国支持全球化进程，坚守自由贸易体制，维护多边主义规则。从主场外交到国际会议，从政策宣示到务实举措，中国不断对外释放扩大开放的明确信号，提出构建创新、活力、联动、包容的世界，坚定地站在历史前进的正确一边。

世界好，中国才能好；中国好，世界才更好。面对未来，中国将一如既往为世界和平、发展、繁荣作出贡献。

"一带一路"引领世界共同发展

"一带一路"倡议是中国特色大国外交的伟大实践。2013 年秋，习近平提出了共建丝绸之路经济带和 21 世纪海上丝绸之路（简称"一带一路"）的倡议。同年 11 月，"推进丝绸之路经济带、海上丝绸之路建设，形成全方位开放新格局"作为一项重大决策部署，写入中共十八届三中全会审议通过的《中共中央关于全面深化改革若干重大问题的决定》。2014 年 6 月，习近平在中国 - 阿拉伯国家合作论坛第六届部长级会议上首次正式使用"一带一路"的提法，并对丝绸之路精神和"一带一路"建设应该坚持的原则作出系统阐述。"一带一路"建设作为一种全新的合作模式和共同繁荣发展的方案由此正式提出。

伴随着"一带一路"倡议的提出，"一带一路"建设规划也迅速展开。2014 年 11 月，"加强互联互通伙伴关系"东道主伙伴对话会在北京举行，习近平提出以亚洲国家为重点方向、以经济走廊为依托、以交通基础设施为突破、以建设融资平台为抓手、以人文交流为纽带的合作建议，指出互联互通是要建设全方位、立体化、网络状的大联通，是生机勃勃、群策群力的开放系统，进一步指明了"一带一路"建设的方向和路径。2015 年 3 月，国家发展改革委、外交部、商务部联合发布了《推动共建丝绸之路经济带和 21 世纪海上丝绸之路的愿景与行动》，涵盖"一带一路"建设的时代背景、共建原则、框架思路、合作重点、合作机制等八大方面，强调坚持共商、共建、共享原则，努力实现政策沟通、设施联通、贸易畅通、资金融通、民心相通。"一带一路"国际合作平台以更清晰的轮廓展现在世人面前。

"一带一路"建设是中国扩大开放的重大战略举措，更是探索全球治理新模式、推动构建人类命运共同体的新平台，引起世界的普遍关注和响应。2017 年 5 月，首届"一带一路"国际合作高峰论坛在北京召开，中国国家主席习近平出席开幕式并发表主旨演讲，强调要将

2021 年 8 月 16 日，浙江宁波舟山港金塘港区大浦口集装箱码头，俄罗斯航线的两艘货轮靠泊作业。至此，该码头已拥有"一带一路"国际集装箱航线 18 条。

"一带一路"建成和平之路、繁荣之路、开放之路、创新之路、文明之路。29 个国家的元首和政府首脑出席论坛，140 多个国家、80 多个国际组织的 1600 多名代表参会。领导人圆桌峰会发表了联合公报，表明各方就合作共建"一带一路"已取得广泛共识。

截至 2023 年 6 月底，中方已与 150 多个国家、30 多个国际组织签署 200 多份共建"一带一路"合作文件，各方面工作取得积极进展。这再次说明，面对百年未有之大变局和百年不遇大疫情的冲击，世界大多数国家及相关组织机构通过合作谋求发展的共识更加强烈，通过"一带一路"合作共赢增进人民福祉的愿望更加迫切。"一带一路"倡议，正以其推动世界共同繁荣发展的实际效果，赢得越来越多国家的支持和赞赏。

"一带一路"为世界经济发展注入强劲动力。在全球经济衰退的

2021 年 1 月 13 日，内蒙古呼伦贝尔扎兰屯市新年首趟出口班列发往"一带一路"国家。

大背景下，中方与"一带一路"伙伴国家的贸易投资合作却实现逆势增长。2013—2022 年，中国与共建国家进出口总额累计 19.1 万亿美元，年均增长 6.4%；与共建国家双向投资累计超过 3800 亿美元，其中中国对外直接投资超过 2400 亿美元；中国在共建国家承包工程新签合同额、完成营业额累计分别达到 2 万亿美元、1.3 万亿美元。2022 年，中国与共建国家进出口总额近 2.9 万亿美元，占同期中国外贸总值的 45.4%，较 2013 年提高了 6.2 个百分点；中国民营企业对共建国家进出口总额超过 1.5 万亿美元，占同期中国与共建国家进出口总额的 53.7%。众多有识之士认为，全球经济衰退和疫情对发展中国家的冲击最为严重，许多国家对开展"一带一路"框架下的合作寄予厚望。中国在"十四五"规划和 2035 年远景目标建议中提出，加快构建以国内大循环为主体，国内国际双循环相互促进的新发展格局，为高质量共建"一带一路"提供强劲动力。可以预测，随着未来中国进口需求进一步扩大，伙伴国经济增长将获得越来越多的机遇。

"一带一路"正在为世界各国互联互通创造更多机遇。作为共建"一带一路"的主线，互联互通在打破制约经济发展瓶颈、带动相关产业发展、增强各国发展动力方面有着重要作用。近年来，"一带一路"在加快基础设施联通方面持续发力，中国老挝铁路全线隧道实现贯通，印度尼西亚雅万高铁建设实现节点目标，巴基斯坦拉合尔橙线项目运营通车……一批重大项目进展顺利。正如塞尔维亚前外长武克·耶雷米奇所说，疫情造成人与人、国与国之间暂时的物理隔阂，而"一带一路"倡议恰恰在推动人与人之间、社会与社会之间的联结。在新发展格局下，中国坚持创新驱动发展，全面塑造发展新优势，寻求经济高质量发展，这一发展思路符合沿线国家提升经济发展水平，孵化新

2020年11月28日，在中国－东盟博览会"一带一路"国际展伊朗展区，观众参观选购伊朗的特色工艺品。

经济增长点的需求，将更好对接各国发展战略。未来，沿线国家还有望在智慧城市、5G、人工智能等领域打造更多新的合作亮点，共建后疫情时代的"数字丝绸之路"。

时至今日，"一带一路"倡议得到越来越多国家的欢迎，已经成为世界上最受青睐的公共产品和最大规模的合作平台，成为推动世界共同繁荣发展的合作平台。

事实胜于雄辩。中国的发展不是世界的威胁，而是世界发展的新机遇。中国深信，只有在历史前进的逻辑中前进，在时代发展的大势中发展，在互利共赢的大潮中合作，人类才能让和平的薪火代代相传，让发展的动力源源不断，让文明的光芒熠熠生辉，让幸福的阳光洒满大地。